山は登ってみなけりゃ分からない

石丸謙二郎

敬文舎

長野県小谷村の雨飾山。
頂上から見ると、歩道のつくるラインが女性の顔に……。
「雨飾山の女神」と言われている。
と、その道を歩いていくひとりの登山者が。
赤い上着を着た人物が、ずんずん進んでいくと……。

唇あたりを通過するときに、パシャリ…。
女神の唇にルージュが引けた。（195ページ）

山は登ってみなけりゃ分からない

石丸謙二郎

敬文舎

装丁・デザイン	竹歳　明弘
地図作成	蓬生　雄司
企画協力	植松　國雄
編集協力	阿部いづみ
	日高　淑子
写真・墨絵	石丸謙二郎

もくじ◎山は登ってみなけりゃ分からない

はじめに

《毎日休日山》
コレ、なんと読むのでしょうか？
では、のちほど——。

9

本書に登場する山々

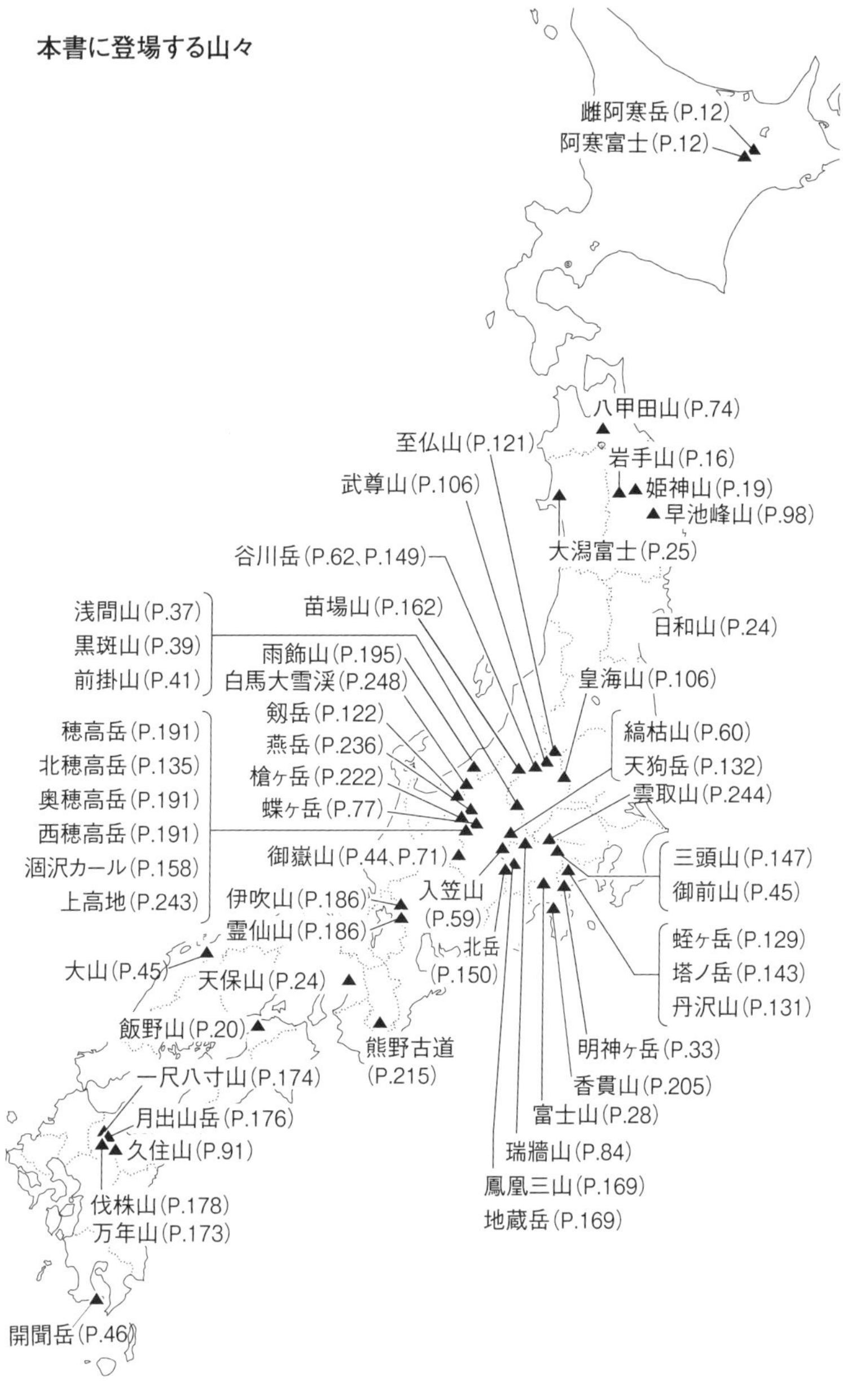
雌阿寒岳(P.12)
阿寒富士(P.12)
八甲田山(P.74)
至仏山(P.121)
岩手山(P.16)
武尊山(P.106)
姫神山(P.19)
早池峰山(P.98)
谷川岳(P.62、P.149)
大潟富士(P.25)
浅間山(P.37)
黒斑山(P.39)
前掛山(P.41)
苗場山(P.162)
日和山(P.24)
雨飾山(P.195)
白馬大雪渓(P.248)
皇海山(P.106)
穂高岳(P.191)
北穂高岳(P.135)
奥穂高岳(P.191)
西穂高岳(P.191)
涸沢カール(P.158)
上高地(P.243)
剱岳(P.122)
燕岳(P.236)
槍ヶ岳(P.222)
蝶ヶ岳(P.77)
縞枯山(P.60)
天狗岳(P.132)
雲取山(P.244)
御嶽山(P.44、P.71)
三頭山(P.147)
御前山(P.45)
入笠山
(P.59)
伊吹山(P.186)
霊仙山(P.186)
北岳
(P.150)
蛭ヶ岳(P.129)
塔ノ岳(P.143)
丹沢山(P.131)
大山(P.45)
天保山(P.24)
飯野山(P.20)
熊野古道
(P.215)
明神ヶ岳(P.33)
香貫山(P.205)
一尺八寸山(P.174)
富士山(P.28)
月出山岳(P.176)
瑞牆山(P.84)
久住山(P.91)
鳳凰三山(P.169)
地蔵岳(P.169)
伐株山(P.178)
万年山(P.173)
開聞岳(P.46)

第1章★　やっぱり富士山

阿寒富士にはコマクサが

北海道の《雌《め》阿《あ》寒岳《かんだけ》》のすぐ隣に、《阿《あ》寒富士《かんふじ》》がある。
日本には、《富士山》より富士山らしい形をしている山がある。
この山もそのひとつ。
標高は１４７６メートルと、隣の雌阿寒岳１４９９メートルより、ちと低い。
しかし、その山容は見事な左右対称形をしている。
色は、黒い。火山としてはまだ若く、樹木がほとんど生えていない。
腹のあたりにわずかにハイマツが、まさに這《は》い上《あ》がらんばかりに育っている。
しかし、その上部は、そうそう簡単には草木を寄せつけない雰囲気がある。
ところで、富士山もそうなのだが、富士山型の山は、大きさがわからない。

目の前に円錐形《えんすいけい》を見ているのだが、標高差がいったい何メートルあるのか？

２００メートルなのか？　５００メートルなのか？

円錐形の山というのは、近くに比較するような山だの物体がないため、大きさを実感できないのである。

　富士山とて、３７７６メートルの日本一だと知っているから理解できるが、もし富士山を知らずに、突然、あの巨体が目の前に出現したら、いったい何メートルあるのか……、アナタに判明できるだろうか？


　同じことが、目の前の阿寒富士でおきた。

この山は標高差１５０メートルなのか？　５００メートルなのか？

角度４０度の急斜面を、目ですかし、首をかしげる。

……よくわからん。

霧の中に浮かび上がる美しい形を眺めながら、火山帯の砂の上に座り込んだ。

すると……

　なんとまあ……

周りに、見事な高山植物が咲き乱れているではないか！

おお～この花は、イワブクロ。

あらら～こっちは、コマクサ。

いつのまにか、お花畑の中に腰をおろしていたようだ。

花が咲き大きくなるのに、気の遠くなるほどの年月を要する高山植物たち。決して踏んだり損《そこ》なったりすることのないように、抜き足差し足、忍者歩きをする。

　パシャリッ
阿寒富士をバックに花の写真を撮らせてもらった。

少なくともボクより、あなたたちのほうがはるかに長生きするんだもんネ。キレイなじいさま、美しいばあさま、すみませんネェ、隣でおにぎりを食べさせてもらいますヨ。

「阿寒富士には、ピンクのコマクサがよく似合う」

阿寒富士とコマクサ

岩手山に登る

《岩手《いわて》山《さん》》　２０３８メートル

ものすごく高い山ではない。しかも、岳ではなく、山と呼ばれている。

この山は岩手県の盛岡市の後方に、どで～んと座っている。

山というものは、その前に前山があったり、低い山に囲まれていたりするものだが、岩手山は、突然平野からニョキニョキと生えている。

もちろん火山だ。活火山といえる。１９１９年、つまり約１００年前に、小噴火している。現在も、警戒レベル１だ。


さあ、登るゾ！

馬返しと呼ばれるところで、馬ならぬタクシーを返した。

「南部富士」だの「岩手富士」だのの愛称をもつだけあって、岩手山は、見た目、三角形をしている。普通、そんな山の場合、富士山がそうであるように、登山道はジグザグに切ってある。

ところが……砂礫《されき》のなかを、道は直登《ちょくとう》してゆく。

離れたところから見た山容でも、かなりの傾斜の山なのだが、登山道は直登！

道というものは、昔の人たちが、ああやってこうやって、苦労して登った跡に、皆が従い、自然とできてゆくものだが、岩手の昔人は、真っすぐの性格だったのか、曲がったことが嫌いだったのか、ジグザグなどという発想がない。

真っすぐ登れ！

そのとおり、八合目まで一気に登る。

てなことでたどり着いた八合目には、富士山型の山では珍しく、水が噴き出している。とうとうと湧《わ》き出す清水を、金だらいに溜め込んでいるのだ。ペットボトルの残り水を捨て、清水を注《そそ》ぐ。

カラカラに乾いた喉《のど》に、からだに、命の水が注がれる、

「ああうまい、ああうまい」

青空にのけぞりながら、水をあおる。

どんなにビールが旨《うま》いと騒いでも、この水には代えられない。

ゴクゴクゴクゴクゴク　ゴクゴクゴクゴクゴク

その金だらいを設けてくれているのが、八合目避難小屋である。

通常、避難小屋といえば、大概こぢんまりとした小屋で、「しようがないから泊まる」的な感覚なのだが、この小屋は、大きく、暖房ありで、毛布も貸してもらえる。

じつはわれら、ここに泊まる予定で、登ってきた。

晴れた夜、満天の星が降ってくるのを、期待したのだ。ところが……はからずも身体の調子がよかった。予定より短時間で、登ってきてしまった。

目の前には、あと、小1時間で登れる頂上が待っている。

「よし、このまま登り切ろう！」

岩手山の頂上は、火山の噴火口である。直径500メートルほどもあろうか、富士山の頂上に似ている。富士山の場合、御鉢の中は窪《くぼ》みになっているが、岩手山は窪みから、新たに噴火がおきたらしく、もう一回軽く盛り上がっている。頂上は、そのヘリにある。

そこに、樹木はない。初夏には、高山植物が咲き乱れる一帯だ。

360度の展望。東側のかなたに、美しい形の山、《姫神山《ひめがみやま》》が、おいでおいでをしている。

下りは、標高差1500メートル。

まるで岩手の原野に、鳥となって飛翔《ひしょう》してゆく感覚を味わいながら、火の山が噴き出した砂道を駆け下りるのだった。

讃岐富士　毎日登山

讃岐《さぬき》平野を旅すると、富士山型の山が次々に現れる。

讃岐とは香川県。富士山型といっても、千差万別。

左右対称でなかったり、テッペンが傾いていたり、「ああ〜ちょっと惜しいな」と残念がる山であったり……

そのなかでも、ことさらに富士山に似ている山がある。

《飯野山《いいのやま》》422メートル
「讃岐富士」とも呼ばれる。

どうやって登るんだろう？　気になり、かの地に向かった。

登山口が３つほどあったなかで、直登《ちょくとう》コースを選んだ。
考えてみれば、富士山型とは、かなり傾斜がきつい山だ。
そこを直登しようってんだから、当然のように階段がつくられている。
よ〜いドンから、いきなり汗をかかされる。
ハァハァぜいぜい……１時間半ほどかけて、登り切った。
　頂上には、神社がある。
その賽銭箱《さいせんばこ》のすぐ隣に、大学ノートが数十冊、積み重ねられていた。
広げてみると……登山者のメモが記されている。
登頂時間と、イニシャルが書かれてある。
えっ……なに？　同じ人が、２回つづけて登っている。
いや、こちらは３回だ。
その末尾に、数字が書かれてある。５３９６だの６８７２だの……
これって、登頂延べ回数ということだろうか。

　おお〜この数字はなんだ！

「１２１９５、１２１９６、１２１９７」

つまり０から始めてこの回数登頂しているらしい。

しかも……時間が書かれてある。

「４：１５、５：０７．６：０５」

ほぼ1時間で、降りてふたたび登ってきている。

たぶん走っているのだろう。なんということだ。

1日に3回登山。しかも毎日。

単純計算で、年間１０００回を超える。10年つづければ、1万回。

ひぇ〜〜〜〜〜〜


じつは下山中に、とある親切な方に出会った。

車をとめた登山口から山の反対側に下りてきたわれらを見かねて、元の登山口まで車で送ってくださるというのである。

ありがたく乗せていただいた。

「おたくも、定年組かい？」

定年退職後、山に親しんでいるのかと問われた。

「ええまあ、それに似たようなもので」

「暇でしょうがないより、山はやることだらけでいいよなあ〜」

「ええ、アチコチ登ってばかりで」

「おいらは、ここ一本だあよ」

じつはその方、数年前から、毎日登山をはじめられたそうで、昨年の回数が、なんと４２２回だったそうな。

ん……？

この山の標高は、４２２メートルじゃなかったっけ？

日本一低い山

日本一低い山はどこ？
大阪の《天保山《てんぽうざん》》が標高４・５メートルで、もっとも低いと言われている。しかし、宮城県の石巻にあるこの山が、それを抜いた。
《日和山《ひよりやま》》標高３メートル
東北の震災の影響で、以前６メートルの高さだったのが、３メートルに縮んでしまった。今、この山が日本一だといわれている。しかし……

先日、秋田県の大潟《おおがた》村にいた。その昔、八郎潟《はちろうがた》を干拓してできたのが、大潟村の広大な農地平野である。そこに、この山を見つけた。

《大潟富士》

なんと、標高０メートル！

ん……？　どういうことだろうか？

八郎潟の干拓は、難事業だった。

東京の山手線の内側ほどの面積の水を抜いたのである。抜くために、海岸に堤防を築いた。一種のダムをこしらえ、内部の汽水《きすい》をすべて汲み出した。１年以上かかって、水を抜いた。

わずかに盛り土はした。しかし、山手線内部にすべて高さ５メートル以上の盛り土など、できようハズもない。

つまり、現在、タワワに稲が実っている大潟平野は、海面下にある。

そこで、ほぼ真ん中あたりに、富士にちなんで高さ３・７７６メートルほどの小山をつくったそうな。頂上を、海抜０メートルになるように盛ったのである。

ここまで、水を抜いたのだと、忘れないためだろうか？

大潟富士 3.776m。「出発！」「到着！」「万歳！」。

自然にできた山ではない。盛り土だ。しかし、天保山とて築山《つきやま》である。

いざ、登らんでか！

たとえ、標高差３・７７６メートルの山とて、登山にかわりはない。

装備は万全にした。登山靴に登山ウエア、何かあったときのヘッドランプに、もしものためのロープ。非常食は大潟の道の駅で買い求めたリンゴパイ。

出発！

到着！

たったの１０秒という、登山としての最短到達時間ではあったが、達成感の湧き上がるクライミングを楽しんだ。非常食のリンゴパイは、頂上で舐《な》めるようにおいしくいただいた。

大潟富士を日本一低い山といってもいいような気がしてきた。

なんせ、もっとも高い本家富士山と標高差が３７７６メートルあるのだから。

富士山に登れる？

時折、満月に《富士山》がかかることがある。わざと逆さまに言い間違えた。言い間違えても、間違いを指摘されないほど、富士と満月は仲がよい。

どちらも主役としての経歴が長く、相手をたてることを潔《いさぎよ》しとする。時に雲がおふたりを邪魔することがある。それでも、邪険にすることなく、うまく手なずけ、絵や写真の部下として配している。「わたしにかかっていれば、間違いない」と、主役としての、度量の大きさを見せつけている。この大きさに皆がむらがる。

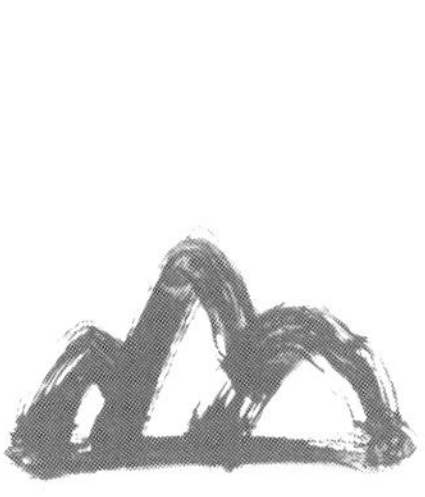

「生涯に一度は富士山に登りたい」

日本に生まれた者としての夢である。わが友人にも、その願望を口にする仲間がいる。連れて行ってくれないかと、請《こ》われる。ホホえましいのだが、その方は、山にほとんど登ったことがない。《高尾山》すら登っていない。せめてふだん歩いているとか、運動をしているのならば、考えてみないでもないのだが、なんせ、年齢という経験と、体重という重みだけは重ねている。

時折、人に問いかける。

「次の３つのうち、できそうなのはどれですか？」

１　フルマラソン

２　断食

３　富士登山

すると、１０人が１０人、富士登山と答える。

「フルマラソンなんてとんでもない。よもや断食は絶対イヤ！」

だけど、富士山ならだれだって登れるだろうと、気軽に答える。

大平山から富士。「こんにちは」。

富士山に登れば、皆に自慢できると、まだ登ってもいないのに胸を張って主張する。自慢できると語るということは、それなりに大変だということは理解しているらしい。だから、頼りになるアナタに連れて行ってもらいたいと懇願しているワケだ。

頼るのなら、ツアーがあるのでそちらを薦《すす》めると、

「知らない人などアテにならない。いざとなったとき」

なるほど、おんぶしてでも連れって行ってくれと拝んでいる。

「いざのときは、ヘリコプター呼ぶことになりますよ」

さすがにこれにはまいったらしい。

「もうダメだとなったら、そこから降りるから」

殊勝なことをおっしゃる。

「山は、降りるほうがツライんですよ」

諭《さと》してみると、

「んなバカな……」一笑に付された。

はいはい、わかりました、一緒に登りましょう。
ただし、週に3日は、1時間歩きましょう。
富士山の前に、最低ふたつ山に登りましょう。
体重を、5％減らしましょう。
でないと、強引に富士山に登ったあと、
1週間、アナタは使い物にならなくなりますヨ。

しろばんば

　秋の日の昼下がり、箱根の外輪山《明神ヶ岳《みょうじんがたけ》》の山頂直下で、「しろばんば」が飛んでいるのを見つけた。

　5ミリほどの大きさの虫で、白い綿が飛んでいるようにも見える。雪がひとひら舞っているかのようでもある。知らなければ、虫だとはわからない。よもや、名前をいえる人は少ない。伊豆半島に居を構えていた作家井上靖《いのうえやすし》の小説、『しろばんば』には、こう書かれてある。

　伊豆半島の湯ヶ島。秋の夕方ともなれば、

どこからともなく雪虫が飛んでくる。
野遊びからの帰りぎわの子供たちは、
「しろばんば、しろばんば」と囃《はや》しながら、
雪虫を木の枝で捕《つか》まえては、はしゃぐのだった。

子どもたちは、捕まえたのだが、同時に、雪虫しろばんばの儚《はかな》さも知った。人が手の平で捕まえただけで、弱ってしまう。熱に弱いらしい。人の体温でさえ死んでしまうのだという。
われらも、稜線付近で、ついはしゃいで捕まえたのだが、幸い手袋をしていたので、弱る前に放してやった。

井上靖は、小学生時代を伊豆の湯ヶ島で暮らした。
湯ヶ島といっても、島ではなく海はない。
伊豆半島のど真ん中に位置し、自然だけは豊かにそろっていた。
そのなかで、富士山ばかりは格別だったようで、氏の随筆本『穂高の月』に、

この一節がある。

一日が終わろうとする暮れ方の富士が好きだった。
日本列島全体にいま夕暮れが来ようとしている、
そんな思いを懐かされるからである。

ボクらが富士山に対してなんとなく感じているイメージを、たったこれだけの文で、表現してくれた。

日本列島全体にいま夕暮れが来ようとしている

これまで何度も夕暮れの富士を、見たり、写真を撮ったりしてきたものだが、このひと言は出てこなかった。富士を、日本列島の頂きにたとえたのである。

伊豆に住む方たちにとって富士は、あって当たり前。

わざわざ観に行く山でもなく、目のスミに入っている神棚のようなモノである。何かのときに、目をやり、ホッとする山といえる。

「しろばんば、しろばんば」と囃す子どもたちを見なくなって久しい。

しろばんばは、秋の空を舞っているのに、

追いかける子どもたちは、どこにいったのだろうか？

浅間山登山

キャンプ場で目が覚《さ》めた。そこは、《浅間《あさま》山《やま》》の麓《ふもと》。

「そうだ、今日は浅間山に登る日だ！」

薄暗いなか、空を見上げる。雲がどんより立ち込めている。

雲高が低い。雨が降りそうな気配すらある。

「ダメかぁ～」気を落としかけた。

（まてよ……）

しばし漂う雲を眺めていた。濃淡がある。少しだけ車で高度を上げてみよう。２００メートルほど高度をさかのぼった。すると……

雲に切れ目があるではないか！

「おっ、アレは……外輪山の頂上が見えているゾ！」

そうだったのか。この雲は、低い雲で、１５００メートルを超えたあたりより上は、晴れているに違いない。


平地の気象と山の気象は、まるで違うことが多い。テレビの天気予報で、長野県佐久市が曇り雨と出ていても、山の上は秋晴れだったりする。

「今日が、まさにソレじゃないのか！」

すぐに、準備をして、登山口に向かう。はたして……標高２０００メートルにある登山口は、真っ青な空で出迎えてくれた。見下ろせば、町並みは雲の下に沈んでいる。

あのとき、諦《あきら》めたら、この快晴登山はできなかったのだ。


浅間山といえば、ズングリとしたおまんじゅうのような姿を思い浮かべる人が多い。遠くから眺めれば、当然、そういう感想となる。

おまんじゅうの、まあるい曲線の部分を、登っていくのだろうと思ってしまう。実際、以前は、そう思っていた。丸くなった富士山的な登山だろうと思い込んでいた。ところが……

「山は登ってみなければわからない」

浅間には、外輪山がある。われわれが、町から見ていたのは、そのほとんどが、浅間外輪山だったのだ。

その内側にとんでもなく大きな窪地が存在し、夢のような美しい世界が広がっているなどと、だれが想像できよう。

よもや、秋の紅葉の季節は、驚きの連続である。

浅間山に登るには、まず、外輪山である、《黒斑山《くろふやま》》の稜線まで上がる。

ここで、浅間山の全貌を想像してみよう。

「グレープフルーツ絞り器」というモノがある。

半分に切ったグレープフルーツを片手に持ち、絞り器の上から押し付け、ギュッギュッと絞る。その絞り器にそっくりの形をしたのが、浅間山山系だ。

真ん中に浅間山本体があり、周りを外輪山が囲んでいる。絞った汁が溜まる部分が、窪地の平原。町から見える外輪山のなかで一番高い部分が、黒斑山。

さて、外輪山までやってきた。

目の前に、ド～～ンと浅間山が盛り上がり、手前に、恐竜でもいそうな草原が広がっている。薄緑の熊笹《くまざさ》の中に、カラマツ林の黄葉が輝いている。ほとんど黄金色といっていい。稲わらを見て、黄金と勘違いし、「黄金の国ジパング」を西欧に伝えたマルコ・ポーロが、この光景を見たら、なんと言うだろうか？「オオ～黄金の海！」ふたたび、宣伝マンに徹してくれるだろうか。

浅間山の黄葉は、色のグラデーションであり。山並みの配置でもある。ここに、こんな形のモノが欲しい。あそこに、こんな色が欲しい。芸術家がたんまり集まって、アアでもないコウでもないと、ヤンヤやった挙《あげ》句《く》の集大成が、秋の黄葉浅間山である。

ゆえに、どこをどう切りとっても、絵になり、写真が映《は》える。

やがて、グレープフルーツの汁が溜まるべき谷間の平原を歩き、ご本体の浅間を登る。これこそ、おまんじゅうを登ると考えるとわかりやすい。ただただ、草木のわずかしか生えていない火山を攀《よ》じる。やがて、シェルターを過ぎると、第二外輪山にたどり着く。

言い忘れたが、外輪山は二重になっている。はじめの黒斑山は、第一外輪山の最高峰、２４０４メートル。で、たどり着いたこちらが、第二外輪山。

おまんじゅうのテッペンがいったん窪んで、さらにもう1回膨らんでいると思えばいい。本来の頂上は、その膨らんだところにあるのだが、長い年月、毒性ガスの噴出で、立ち入り禁止となっている。よって、第二外輪山の最高地点を頂上として標識が立っている。

《前掛山《まえかけやま》》　２５２４メートル

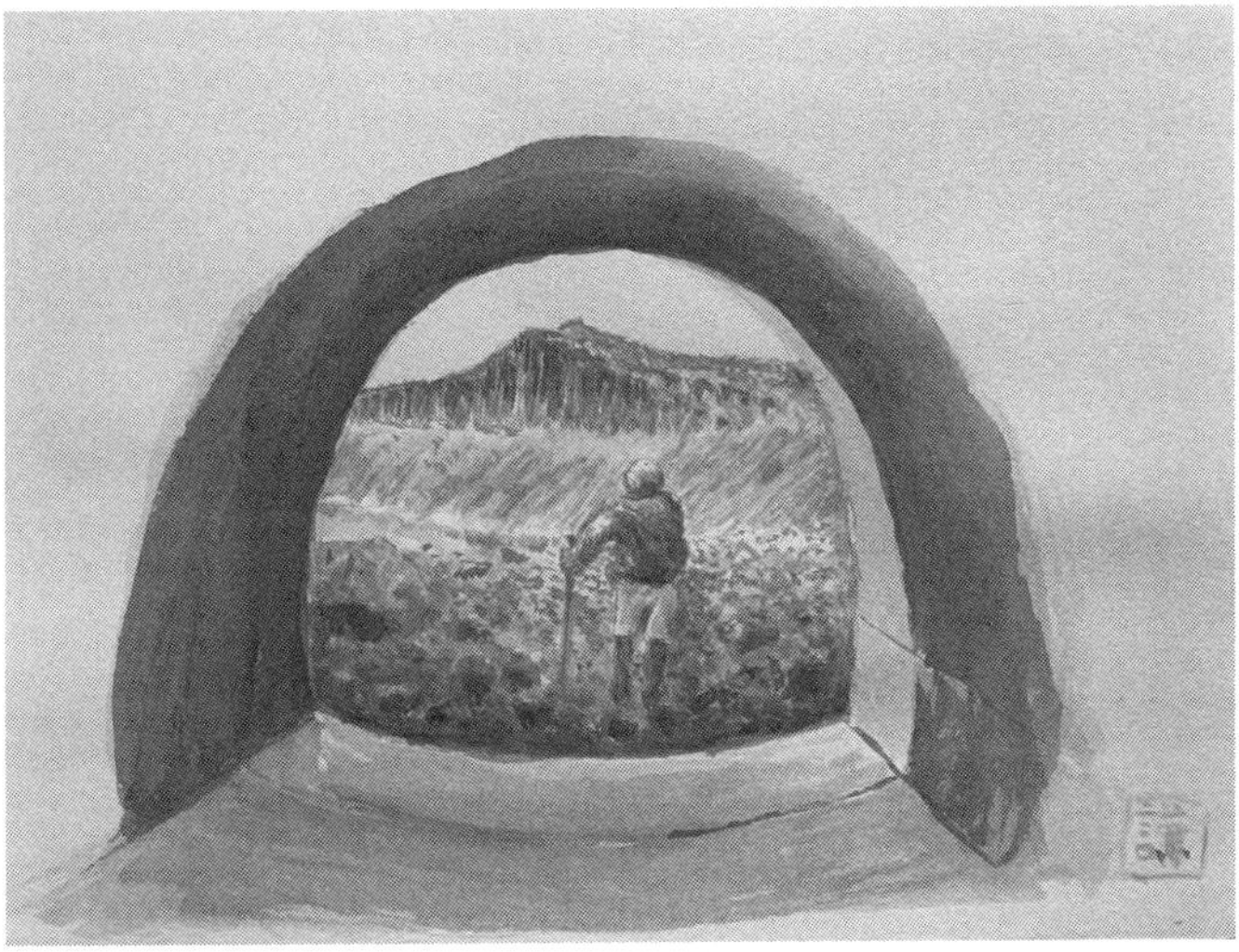

浅間山シェルターから前掛山を望む。「あと、一息！」。

パシャリッ

頂上写真を撮っていたときに声を掛けられた。

「すみません、写真撮っていただけませんか？」

振り返り、彼が持っていたモノを見て、目を見開いた。

身体の前に抱えている厚紙に数字が書かれてある。

「なんですか、９９って？」

「深田《ふかだ》久弥《きゅうや》日本１００名山の、９９座目なんです」

あんですと？

しばし、固まってしまった。

１００でもなく、９８でもなく、ギリギリの、９９座目の方に出会ってしまった。しかも、撮影を頼まれるなんて！　１分登頂が違っていたら、ほかの人にお願いしただろうし、気づかなかったに違いない。

「で、１００座目はどこなんですか？」

「剱岳《つるぎだけ》です。とっておいたんです。たぶん来年に」

「ちなみに98座目は?」

「御嶽山《おんたけさん》です」

そうか、なるほど、わかったゾ。

御嶽山は2019年、登山が解禁された。んで、浅間山の解禁が3年ぶりに解けたのも、同年9月。つまり、98、99を手ぐすねひいて待っていたのである。最後に登るべく剱岳に登りたくとも、御嶽山と浅間山が解禁にならなければ、いつまで経《た》っても、望みはかなわない。モンモンとしていたのではなかろうか……

話によると、20歳のときに、はじめて富士山に登り、山に目覚め、そのうち、100名山なるモノを知り、コツコツと登りつづけ、40歳にして、99座まで達したとのこと。

「おめでとうございます、これまで、もっとも大変だった山は?」

しばらく考えてから、彼がボソリ。

「ふじさん」

うっとこの富士山

　２０キロのリュックを背負って、《御前山》に登った。
ごぜんやま、と読むのだが、
なにせ、日本中に、この名前の山は多い。
今回登ったのは、中央線の大月駅の南側にある、御前山だ。

　じつは、日本には、同じ漢字の山が非常に多い。
もっとも多いのは、だれでも知っている《富士山》である。
○○富士は、ご当地富士として、日本中にある。
たとえば、「伯耆《ほうき》富士」といえば、鳥取県の《大山《だいせん》》であり、

「薩摩富士」といえば、鹿児島県の《開聞岳《かいもんだけ》》である。

ところが・・・

○○富士ではなく、単に《富士山》と名乗っている山が、日本中にあるのをご存知か？

驚くなかれ、いくつかどころか、大量にある。

たとえば、群馬県には、7つの富士山が存在する。

国土地理院が認めたかどうかは知らないが、地元の人が指させば、それは、富士山なのである。

その名前を冠されているのだから、あらがえない。

そして、その富士山どうしで、けっして競わない。

「どちらが本物」的な競いはない。

ある意味、独立独歩で、富士山の名前を尊んでいる。

我が町の富士山。
おらが村の富士山である。
うっとこの裏山が、富士山という名前なのだ。
本家の富士山がそそり立っているのは知っているが、
わしらの富士山が、一番なのだと、
静かに心のささえにしている。

山の落とし物 1

手袋

山の中は、落とし物だらけである。

もっとも多いのは、手袋。夏用冬用かかわらず、道にポトリと落ちている。それも片方だけ。どうやって落とすのか想像してみよう。頂上からの下り道、上では寒かったので手袋をしていたのだが、標高が下がるにつれ、だんだん暖かくなり手袋をはずす。で、とりあえずポケットに入れる。下山中はリュックをおろして休むことはほとんどない。雑に入れたポケットから、片方が落ちる。落ちても土の道は音がしないため、そのことに気づかない。気づいてもいまさら登りかえせない。はいサヨナラ。

第２章★　お世話になります

山の日

８月１１日は、〈山の日〉である。
２０１６年に決まった。曜日ではなく、毎年、８月11日である。
海の日は以前からあったのだが、なぜか山の日はなかった。
毎年催されているモノとして、
〈山の日記念全国大会〉がある。開かれる場所は、毎年変わる。
第１回目のときには、長野県の松本市で、イベントに参加させてもらった。

　第１回：長野県
　　２回：栃木県
　　３回：鳥取県

4回：山梨県

そして、「第5回」は、大分県に決まった。

大分県出身の山好きとしては、ぜひ参加したいものだ。山のアンバサダーとしても、行かねばならないだろう。

しかし、2020年はコロナの影響で中止となり、翌年に延期となった。

ん……？　今、サラっと、横文字を使った。

「アンバサダー」……？

え～とですネ、じつはですネェ……


2019年の7月に、石丸は、「山のアンバサダー」に就任したのだ。

アンバサダーを日本語にすると、「大使」である。

観光大使などと使われている大使と考えてもらえばいい。

就任すると、何がどうなるのか？

別に権威も何もなく、エライわけでもない。

山に登ってみたい人たちの重い腰を押す役目である。

軽い人たちはほおっておいても登りにゆくが、
重い方たちの杖替わりになれればと考えている。
今つい、杖と言ってしまったが、山では、ストックと言う。
最近では、多くの登山者が両手にストックを持ち、
スキーのノルディックのごとく、グングンと進んでゆく。

「杖なんかつくようになったら、オレは山をやめる！」

と突っ張っていたオジサンもおられたが、杖ではありません、ストックです。

道具です。安全器具と呼んでもよい。

すべての道具が軽くなったように、楽になるものなら、大いに利用していいではないですか。楽になれば、行動範囲が広がる。行けなかった遠くの山に行けるようになる。

もっと険《けわ》しい山に、踏み込むことができる。

そのストックも、カーボン製の非常に軽いモノが売られている。

知り合いの大工さんが、語っていたものだ。

「俺たちの仕事は、９分《ぶ》９厘《りん》、道具だな」

その大工さんに、お聞きした。

「残った1厘は何ですか？」

返った言葉は、

「好きかどうかだヨ」


少なくとも、山は好きなので、ヨシとしよう。あとは、道具だ！

９分９厘とはいかないまでも、半分は道具に頼ろう！

新しいリュックを買う

リュックを一新した。

10年間使ってきた山用のリュックのチャックが壊れた。10年も使いつづけていると、自分の身体にフィットしてくる。いい意味でも、悪い意味でも、フィットしてくる。

悪い意味とは……

たとえば、背骨が曲がっていれば、リュックも曲がってくる。右肩が上がっている体型ならば、それなりのリュックになる。矯正《きょうせい》とは、身体がしなければならないのに、健気《けなげ》にもリュックのほうがしてしまう。これはあまりよろしくない。

そろそろだな……と思っていた矢先だった。

ブチリ。チャックが壊れた。

まるで、みずから身を引いたようなチャックらしい見事な引き際だった。


新しいリュックを買いにいった。容量45リットル。

山小屋泊なら充分な大きさである。ところが……

新しくなったリュックは、底の部分が分離していない。

上下の仕切りがなくなった。ただのズンドウである。

仕切りがないとどうなる？　中に詰めた荷物は必然、下に下に落ちてゆく。

下に溜まってゆく。

リュックを軽く担《かつ》ぐためには、軽いものを下に、重いものを上に置くようにする。このザックワーク次第で、登山は変わる。

「ああ〜きつかった〜」

「けっこう、楽な山行だったネ」

境目は、リュックの詰め方次第なのだ。

最近のリュックは、50リットル以上の容量のモノは、上下の別れ仕切りがないモノがほとんどだ。自分でなんとかしなさい……と言われているような気がする。

そこで、自分でなんとかしてみた。最下部に、ハッポースチロールで箱をつくった。腰の当たる部分をカーブに細工。

よし、使ってみよう。

明らかに重心が上に上がる。ハッポーの小部屋をつくったと考えてもいい。とくに、低山日帰りなどでは、荷物が少ない。ゆえに、下部のハッポーの部分は使用しない。空洞である。

荷物は全部上部にくるので、体感的には軽くなる。成功！

このハッポー形式は、

最初から、リュック売り場にあってもよかろうと思える。

ボクのつくったモノは、四角い形状なのだが、リュックの底の形をしていれば、もっと優れものになる。ハッポーの密度次第では、強固なモノができる。

現在、非常に軽いヘルメット（岩場用）が売り出されている。あの素材でできないだろうか？

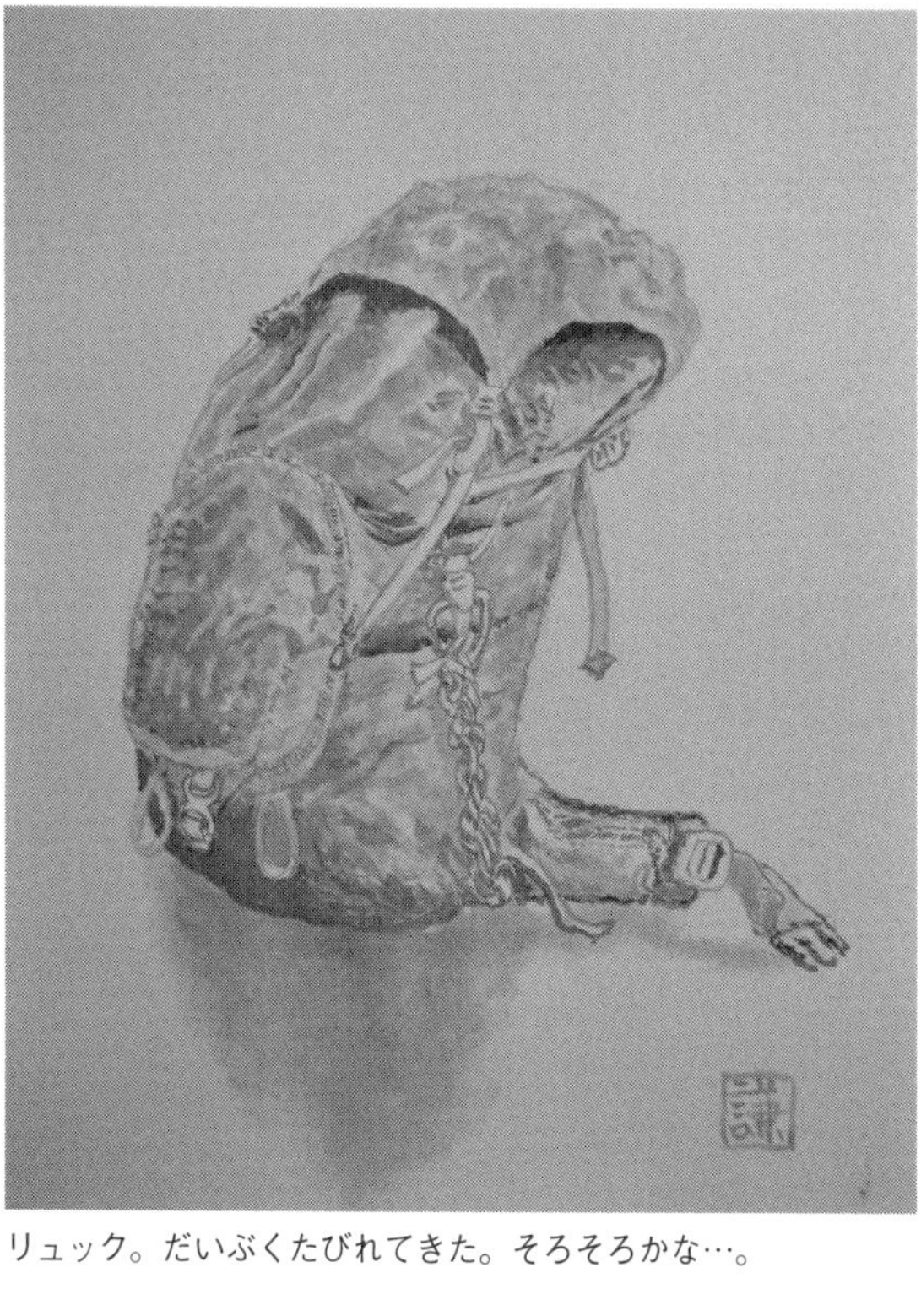

リュック。だいぶくたびれてきた。そろそろかな…。

新人スノーシューデビュー

　雪の中を、「和かんじき」で歩いている。
このかんじきは、岩手のマタギの方からいただいたモノだ。
（もってけ）とばかりに、ボクに向かって差し出されたかんじき。
久々に、言葉少ない方に出会った。
　木の枝をクルリと楕円形に曲げ、結び、木のこっぺん（木片）で歯を飛び
出させ、雪にくい込むような形につくっている。
（こっちにこい）とばかり手招きされ、ついてゆくと、
雪の上で、つけ方を教えてくださった。

とある冬、この和かんじきを履《は》いて、長野県の《入傘山《にゆうかさやま》》を登っていた。
すると、向こうからやってきた若い女性３人組が、奇声をあげた。
「キャ〜、かんじき履いてるぅ〜　はじめて見たぁ〜！」
嬉《うれ》しいような、恥ずかしいような表現をされた。
こんなとき、いっそ、我が風体が、髭《ひげ》もじゃで、肩から藁蓑《わらみの》をかぶっており、
「ワシャな……」などと話しはじめれば、もっと大うけになるのだろうが、
若ぶっているオジサンには、その度量がない。さらに演出を加えるならば、
懐から、キセルを取り出して、いっぷく燻《くゆ》らせれば、完璧である。
はきだす言葉は、故郷の大分弁。
とはいえ、「あんたんふるさと大分は、雪ふらんじゃろうが」
とのご指摘はさておき……
最近は、スノーシュー流行《ばや》り。いわゆる洋かんじき。
となれば我がチームもシュプレヒコールを上げる。
「雪だ！　スノーシューに行こう」

「に行こう」と言っている。

「をしに行こう」ではない。

スノーシューがすでに、行為を表す言葉になっている。

われらが選んだのは、北八ヶ岳の《縞枯山《しまがれやま》》。

ロープウエイ頂上駅から歩き出す。

今回の主役は、山デビューの新人「トラさん」。

もちろん、スノーシューもはじめて。初の山登りが、雪山！

大丈夫です。そこがスノーシューの魅力のひとつでもある。

熟練者に囲まれ、天気と装備さえしっかりしていれば、マイナスの気温のなかでも、ホホをほてらせながら、美しい景色のなかを闊歩《かっぽ》できる。


ところが……このトラさん。

歩きはじめて暫《しばら》くしたころ、なぜか手袋を外《はず》しているではないか？

素手でストックを握っている。気温は、マイナス5度。

「どしたの？」

「いえ……熱いんです」

　手がポカポカ熱いのだという。

「トラさん、どこの生まれ？」

「青森県です」

　なるほど、そりゃ寒さに強いわけだ。

こりゃひょっとして、そのうち冬山のエキスパートになるかもしれん。

その素質が垣間見えたという、マイナス５度の素手ストック握り。


　そして、４時間後、雪歩きに慣れてきたのか、

（そもそも青森出身だから慣れているらしく）

道をわざとハズれ、新雪の深雪に向かって走り出す。

あげく、腰までズッポリはまったり、顔を突っ込んだり、やりたい放題。

「八甲田《はっこうだ》はいずこぉ〜！」

死の彷徨《ほうこう》を演じ出すにいたっては、すっかりスノーシューのとりこに。

素質が大きく開花する日は、近い……気がする。

谷川岳　巌剛新道を登る

「巌《がん》剛《ごう》新《しん》道《どう》」

谷川岳の頂上を目指すルートのなかで、もっとも短距離のコースである。

短距離とは、どういう意味か?

山に登るときに、距離が短いというのは、急斜面という意味になる。

隣のコース「西黒尾根」が、日本三大急登と呼ばれている。

その尾根より、さらに急登なのだ。

名前の由来がおもしろい。

　１９５４年に、営林署の竹花巌さんと川中剛さんによって、開かれたので、この名前がついた。巌を「いわお」と読むのか、剛を「つよし」と読むのか

定かでない。

「巌剛新道」。いかにも、強そうだ。１２００メートルの標高差を、泣く子がもっと泣き出す、マチガ沢の岩壁を眺めながらひたすら登る。「むなつき八丁」などという言葉があるが、この山道は、顔面がつきそうな急斜面すらある。脚を胸のところまで上げなければならない個所もある。それ以上のところでは、クサリや鉄バシゴが配してあるが、そこは、岩を選んでつかみ、クライミングで越えてゆく。岩登りの楽しさを少しだけ、味あわせてくれる。


さて、巌剛新道を登りつめたところに立っている、「肩の小屋」の小屋番さんが森下さん。

常日頃、ボッカ（歩荷）と称して、重たい荷物を山の上まで運び上げている方だ。それが、山小屋に泊まる人たちの食糧であったり、飲み物であったりする。山小屋でビールが飲めるのは、この方のおかげだ。

森下さんが、大きなリュックサックを見せてくれた。やたらデカイ。床においての上部は胸のあたりまである。写真の黒い部分がリュックの上の入り口。

谷川岳「肩の小屋」の森下さんと120リットルサイズのリュック。彼が担ぐリュックは、重さ80キロにも。

その下のほうに、腕を通して担《かつ》ぐ部分が見えている。
はて、このリュックの容量はいかに……？
ふだん、登山者が担いでいるのは、
日帰りであれば、２０～４０リットル
山小屋泊で、４０～５０リットル
テント泊でも、６０～７０リットル
では、このリュックは……
１２０リットル！
　そんなリュックがあるのかと、質問してみたら、特別につくってもらったのだそうだ。いろんなモノを詰め込むと、重量は、８０キロほどにもなるらしい。
いざとなれば、人ひとり、中に入れて担げるかもしれない。
それを標高１９００メートルの高みまで担ぎ上げる。
肩にくい込むとか、腰に負担とか、膝が笑うとか、そのレベルではない。

「担いでいるときには、話しかけないでもらいたいんです」

なるほど、喋《しゃべ》るのが困難なほどの、艱難辛苦《かんなんしんく》にあえいでいるワケだ。

「うわぁ〜なんキロあるんですかぁ〜?」

「……」

「何が入ってるんですかぁ〜?」

「……」

愛想の悪い人と思われたくないので、なんとか踏ん張ってお答えするのだが、笑顔すらできないキツイ状態を理解してもらいたいそうだ。


「だったら、ただいまお話ができません」

とリュックに書かれた紙を貼《は》っておけばいいじゃないかとの、ボクの提案は、

「そんな、人を拒否するような真似《まね》はできませんヨ」

きっぱりと断られた。

山男の美学に触れた一瞬だった。

アルバイトとは

「バイト行ってきま〜す」

「おおそうかい、行ってらっしゃい……ところで」

「なんスか？」

「バイトとは、アルバイトの略だと知ってるかい？」

「ハァ〜なんとなく」

「アルバイトとは、ボッカ（歩荷）のことだと知ってるかい？」

「ボッカ？」

「山の上に、荷物を担《かつ》ぎ上げる人たちの総称だな」

「んで？」

「アルバイトとは、ドイツ語で、かせぐという意味がある」

「へぇ」

「荷物を背負って長い距離をかせぐ」

「ひぃ」

「重い荷物を背負って、少しでも距離をかせいでおく」

「つらそうですネ」

「大変なんだが、給料はいい」

「今の僕の時給よりいいスかネ？」

「時給ではないが、全体的にはいい」


「ソレやろうかな？」

「できるもんならナ」

「へっ？」

「５０キロとか８０キロとか担げるかい？」

「むりです」

「担いだうえで、３０００メートルの高みにまで登ってゆく」

「ひぃぃぃ」

「人様が飲むビールなんかを、荷揚げするんじゃ」

「なら、ものすごく高い値段とるんでしょうネ」

「それがな、レギュラー缶で、５００円なんだ」

「飲み屋と変わんないじゃないスか、安いッスね」

「んだから、山小屋でビールをいただくときは、感謝を！」

「誰に？」

「だぁから、ボッカさんに！」

「ボッカ？」

「アルバイトだよ！」

「あっ、バイト行ってきま～す」

ラスト　ゴーリキ

強力《ごうりき》とは、山に大きな荷物を運び上げる職人である。

その昔、富士山には強力が幾人もいた。ほかの山にも、その山専門の強力がおられて、とんでもない重い荷物を抱え上げた。４０キロ、５０キロは当たり前、８０キロを担《かつ》げなければ、強力とは呼ばれなかった。

ボクが山にのめり込むようになったきっかけとなった本、新田次郎の『強力伝』では、白馬岳の頂上まで総重量５０貫（１８７キロ）を運び上げた実在の強力の話だった。強力と書いて「ごうりき」と読ませた昔人の切なる思いが伝わってくる。

以前、《御嶽山《おんたけさん》》に登った折、強力の方に同行してもらう機会があった。

倉本豊さん。

強力だけをやっている数少ない強力のプロである。

彼は、荷物でなく、人間を山頂まで担ぎ上げる。

体重と荷物を合わせると、８０キロを超える物体を、《御嶽山》３０６７メートルの高みまで、担いで登るのである。

となると、どんな体格をしているのかと思われる？

じつは、細くて小柄。中肉中背のボクよりひと回り小さい。

「えっ、アナタが……」

担がれる方が、彼に出会うと、思わず言葉を失うそうだ。

「大丈夫なのか？」、不安げな質問をされるという。

映画やドラマのなかで、山男が登場すると、レスラーのような大男が現れ、野太い声でボソッと喋《しゃべ》る。髭《ひげ》は必須。しかし、現実はその逆がほとんどだ。

ギュッとしまった細身の体つき、繊細な気くばりと観察力に長《た》けている。

おっと、ここで、担がれる方の説明をしよう。

その方は、《御嶽山》に登りたいが体力的に無理なので、担ぎを、依頼する。いにしえより、御嶽山信仰は篤《あつ》く、信徒の方は、お年を召しても頂《いただ》きに立ちたい。その想いをかなえるのが、強力の務めだ。

しかし、人ひとりおぶって登るなんて、人間ワザとは思えない。

しかもアノ身体つきで……年齢を訊《き》いて、のけぞった。

61歳！（2017年当時）

30代後半にしか見えない肌ツヤ。真っ黒い目んたま。黒々とした髪。

以前は背負子《しょいこ》に、人を後ろ向きにのせて担いだそうである。しかし、やはりグラつきが多く、最近は前向きに背負っているのだそうだ。

そのほうが、背負われた方も、安心するという。

「下りで、4キロも体重が減りますネ」

下りこそ、非常に気をつかうと語る。山は、やはり下りが難しい。

万が一でも、転んだりお客様を落としたりできない。

一度も失敗しなかったからこそ、長いあいだ、つづけてこられたのかもしれない。

彼は、今ではこう呼ばれている。

「日本、最後のゴーリキ」

「最後の強力」倉本豊さん（左）

八甲田山の飛来ヘリ

《八甲田山》の登山口酸ケ湯《すかゆ》から歩きはじめたときだった。
バタバタバタバタ……
ヘリコプターがやってきた。頂上方向に飛んでゆく。スワッ、遭難か!
しばらくして……バタバタバタバタ
また、ヘリがやってきた。その後、いくどもいくども、ヘリはやってくる。
ほとんど同じ周期で、同じ場所に向かって飛んでゆく。
コレは、「荷揚げ」だな。

われらは、やがて頂上に立った。はるか彼方に津軽《つがる》半島と下北《しもきた》半島に囲まれた陸奥《むつ》湾の美しさに興奮していると、バタバタバタ。

そこで一部始終を見ることになる。

頂上の北側にある避難小屋の前に、荷をおろしている。

さらには、向かいの稜線にも、荷をおろしている。

よく見ると、大勢の人が荷下ろしを手伝っている。

折よく、その人たちの棟梁《とうりょう》にお話をうかがってみた。


「土木工事ですか？」

「登山道の整備と、避難小屋の修復だわね」

「ヘリが吊り上げている１回の重量は何キロですか？」

「６００キロだな、それが限界」

「今日、何往復してるんですか？」

「４０回くらいかな」

「皆さんは、どういうお手伝いで？」

「県から発注された仕事でナ、私は現場監督」

「かんとくぅ、あとの人たちは？」

「大工だったり、土木専門だったり、いろいろナ」

「時間がかかるでしょうネ」

「3週間くらいかかるかナ、まもなく雪ふるし」

「泊まり込みで？」

「この避難小屋にナ、雑魚寝《ざこね》じゃわな、ハハハ」

「ハァ、ご苦労さまです」

「お～い、荷物、確認するぞ～」


なるほど、彼らのような方がおられるから、われらは登山道を安全に歩けるワケなんだな。

「あのぅ、ヘリは何交代制で？」

「ひとりだヨ、人おらんもん」

そりゃ大変だ！

整備された登山道を歩くときは、感謝感謝……

尾瀬のボッカ

北アルプスの山小屋、「蝶ヶ岳《ちょうがたけ》ヒュッテ」で、ばったり出会ったのは、尾瀬のボッカ（歩荷）さんだ。歩荷とは……古い辞書には、「山を越えて物を運搬する人夫」とある。


彼は、尾瀬の群馬側からのボッカをはじめて4年目の新人だ。つまり若い。常日頃、８０キロ以上の荷物を背負って、尾瀬ケ原を闊歩《かっぽ》している。それがナリワイ。

われらのように、山を遊山《ゆさん》目的で登っているのと、根本が違う。

その遊山の人を支えているのが、彼らボッカだ。

「あ〜〜旨い！」

山小屋で、ビールをゴクリと飲み干し、信じられないほど旨いと、雄たけびを発するボクを支えているのが、ボッカの彼だ。

偶然出会った彼に、質問の嵐を浴びせる。

「腰のベルトはどうなってるの？」

「僕ら、腰ベルトはないです、すべて肩で背負ってます」

「肩で⁉」

「はい、腰で担《かつ》ぐと、グラグラするんで……」

驚いた……

超のつく重量を、腰にのせずに、肩で担ぐのか……

さらに質問。

「尾瀬で、担ぐモノで一番重いモノは何だろう？」

「水は重いです」

「水？」

「ピチョン、ピチョン揺れます」

なるほど、われらとて山登りの際、水のペットボトルの残量によっては、右に左に水が移動し、その揺れがうっとうしい。岩稜地帯では、その揺れで、岩場からの滑落すら起こる。

「でも、もっと重いモノがありますネ」

「……なに？」

「油です」

「あぶら……？」

「山小屋用に運ぶ油が重いんです」

ちょっと待てヨ。

同じ1リットルなら、水より油のほうが軽いのではないかい？

「油は重いです」

「わ、わからない……説明して」

「うまく言えないんですが……ネバルんです」

「ネバル？」

「なんかぁ、ネバリが重さを感じるんです」

ふむふむ……荷物の中で、トプントプンと横揺れし、油特有のネバリが発生するのだという。その繊細な動きを感じとれるのが、ボッカの魂だ。

山小屋で出会った彼と、並んで立ったのだが、体格的に、私の8割ほどの小さな身体といったらいいだろうか。

身長も体重も、決して大きくない方なのだが、じつは、驚くべき筋肉を隠しもっていた。

モモの付け根箇所。

正座をして、両手の指をモモの付け根に当てた場所。
その箇所に、丸く盛り上がる筋肉ができるのだという。
触らせてもらった。びっくりした。
たしかに丸い盛り上がりの筋肉！
相撲の力士は首の後ろに、盛り上がるチカラコブができるが、
ボッカは、足の付け根に丸いチカラコブができる！

「ネパールに行ったときに、シェルパと一緒に荷物を担いだんですネ。彼らは、頭のおでこにヒモをかけて担ぐんですが、理に適《かな》ってますネ」

本物にしか言えない言葉がそこにあった。

山の落とし物 2

帽子

キャップ、ハット、毛糸帽、いろんな帽子が落ちている。それは、誰かによって拾いあげられ、道端の木の枝などに引っかけられている。頭にかぶっている物が落ちて気づかないのだろうか？　これはおそらく登りで落としている。登っている最中は、身体がほてる。頭からも湯気があがる。森林帯を登っているときは、太陽に当たらないので、帽子はいらない。そこで、帽子をぬぎ、とりあえず、リュックの腰バンドに挟んだりする。途中休憩でリュックのバンドを外す。そのときに落ちる。なぜか帽子のことはすっかり忘れているのである。ふたたび出発すると、帽子だけが取り残される。はい、バイバイ。

第3章★　山の自然と楽しみ

スワッ　熊だ！

スワッ！　熊だ！
山梨県《瑞牆山《みずがきやま》》を下山している最中だった。
１０メートルほど前方に、クマが立ち上がっているではないか！
じっとこちらを見ている。びくとも動かない。
ど、どうするんだっけ？
う、動いたらダメなんだったよな。
目線を外《はず》してもいけないんだよな。
睨《にら》みつけるんだったっけ？
決して逃げてはならないだったゾ。

もし襲われたら、最後には、ノドの奥に手を突っ込んで、
舌をグリグリねじるんダっだゾ！　っと、熊撃ちの名人として名を馳《は》せたアイヌの猟師・姉崎等さんは、そう仰《おっしゃ》っていたはずだ。

心臓がノドのところまでせり上がり、ドクンドクン早鐘を打っているゾ。
ん……？　それにしてもクマが動かない。向こうもそう思っているのだろうか？
え〜とぉ……何かおかしい。
持っているデジカメをそぉ〜と出し、ズームしてみた。

……クマ？……ですか？

立ち上がっているぞ！

あっ、クマだ！！

え～？　樹木じゃないか！
倒木が見事なまでの、熊パフォーマンスを
見せている。
そっくりな姿を演じている。
思わず拍手したくなるほどの造形だ。
　いたずら好きの樹の神様が、ふざけて倒
木芸術をやってみたのだろうか。
それとも熊に出会ったときの予行演習に付
き合ってくれたのだろうか？

近寄ってみると・・・

ウマオイのスイッチョ

「ウマオイ」という虫を知っているだろうか？

種でいえば、バッタだ。

太ももが異常に発達しており、身体の大部分が、太ももといってもかまわない。その太ももで、ジャンプを繰り返す。

バッタ界の、ロングジャンプ、ハイジャンプチャンピオンである。

　ウマオイは鳴き方も、秀《ひい》でている。

秋の虫で、鳴き声を聞けば、たいがいの人が知っている。

「スイッチョ！」

言葉どおり、スイッチョと鳴く。誰が聞いても、スイッチョとしか聞こえない。鳥や虫の鳴き声を日本語で表現したききなしの世界では、突出したピッタリ表現である。ききなしの虫部門で、金メダルを授けたい。

「ウマオイ鳴いてるね」

山の中で、仲間が言う。ボクが応える。

「えっ……聞こえない……」

ウマオイの鳴き声は、ものすごく声質が高い。オクターブのはるか上のほうで鳴いている。言い換えれば、「モスキートトーン」である。

蚊《か》の鳴き声と訳すべき、非常に高いヘルツの音域だ。

人間は、年を経《ふ》るにしたがって、高い音域が聞こえなくなる。

若者には聞こえても、オジサンには聞こえなくなる。

「最近、ウマオイがいなくなったネ」

秋の夜長に、オジサンがおかしな感想を述べる。

じつは、いるのに、聞こえていないだけなのだ。

その事実を指摘されたオジサンは、ムキになる。

「鈴虫はいるゾ」

鈴虫のヘルツは、スイッチョにくらべて、さほどの高音ではないようだ。

「コオロギだって、いるじゃないか」

ムキのなり方がエスカレートする。

愕然《がくぜん》としたオジサンは、うなだれながら、
原野のなかで書をしたためた。

ウマオイの　スイッチョ耳せぬ　さびし秋
けんじろう

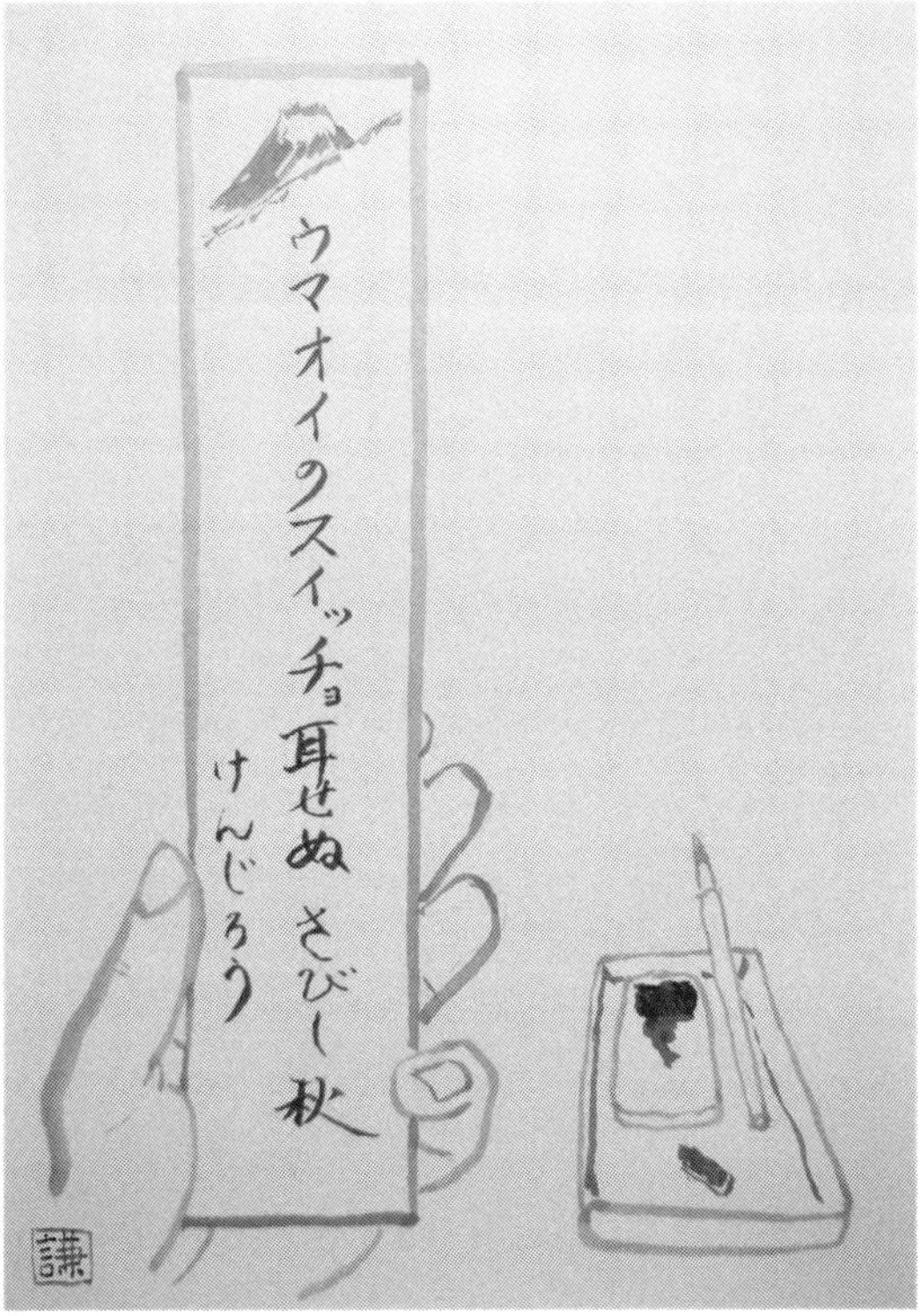
ウマオイのスイッチョ耳せぬ さびし秋
けんじろう
謙

短冊

チャックを開けるカラス

水道の蛇口を開け、水を飲むカラスが話題になっていた。

しかし、ボクが《久住山《くじゅうさん》》で出会ったカラスはその上をいっていた。

大分県の久住山は九重連山ともいい、いくつかのピークが連なっている。

登山者は、一つひとつのピークに荷物を担《かつ》いで登るのは、効率が悪いってんで、鞍部《あんぶ》（低いところ）にリュックを置いて、空身《からみ》でピーク往復をする。

「よっこらしょ」

鞍部に、リュックを置いて、ピークに向かって登りにかかった。

3分ほど登ったところで、振り返った。

すると、さっきの鞍部にあった高さ1メートルほどの棒杭に、カラスがとまっているのが見える。さらにその向こう、リュックのあたりにもう1羽、真っ黒い影がうごめいている。

（ん……何かしているゾ）

慌《あわ》てて、鞍部に向かって走り下った。

と、そのとき、棒杭のカラスが、

「カァカァ」と鳴いた。

その途端、リュックで何かをしていたカラスが飛び去ったのである。

鞍部に降りて、そこで目にしたモノは……

（リュックのチャックが開けられている）

内部の食料が、いましも引っ張り出されそうになっている。

なんだコレは？

チャックをくちばしで開けられるモノだろうか？

試しに、やってみた。歯で咥《くわ》えて、引っ張ってみる。

アレッ……開かない。

引っ張ると、土台の布までもが引っ張られ、うまくいかない。

布を手で押さえ、引っ張ってみる。

しかし、よほどうまく引っ張る方向を考えないと、まるで動かない。

さほどチャックとは、やっかいなモノだとわかった。

それを、さっきのカラスはほんの短時間でチャックを開け、中身をぶちまけようとしていた。さらに奴は、見張りまで立てていたのである。

盗《ぬす》っ人《と》カラスの頭脳には、舌を巻く。


ドラマの現場でこの話をしていたら、後輩の役者に指摘された。

「イシマルさん、チャックじゃなく、ジッパーですヨ」

そうか……今は、チャックと言わないのか！

すると、その後ろから若手の役者が口を開く。

「いえ、それは、ファスナーです」

三光鳥が鳴いた

《三光鳥《さんこうちょう》》という鳥がいる。

三つの光とは……?

月　日　星

ききなしという日本古来の表現がある。

鳥の鳴き声を人間の言葉に、むりやり置き換える文化だ。

典型例が、

「ホーホケキョ」

鶯《うぐいす》の鳴き声を、法華経《ほけきょう》になぞらえた。

そのききなしのなかでも、美しい表現の筆頭が、この三光鳥。

こういうふうに鳴いていると、ききなしでは語られている。

「月日《つきひ》星《ほし》　ほいほいほい」


さあ、はたして三光鳥は、ほんとにこういうふうに鳴いているのか？

われらは、究明すべく突き進んだ。

夜明けとともに、ＮＨＫのラジオ番組「山カフェ」のスタッフであり、音響のスペシャリストのウエタケ君と落ち合い、東京は八王子にある八王子城に向かう。

じつは1年前の5月頃、例の鳴き声をこの地で聞いたのだ！

「アレは……三光鳥ではないか！」

しかし、遠くで鳴く鳥の声は、ボクが持っている録音機では、とても録《と》れるものではない。やはりそこは、プロのマシンと技術がいる。

ウエタケ君の出番である。

まだ薄明るい森の中で、彼は高性能マイクを、空に向けている。三光鳥に気配を悟られないように、いったん立ち止まれば、10分でも20分でもピタリと動かない。樹木と化す。その隣で、ボクも枝になる。かなりの長い時間が過ぎた。

すると……

「キョロン、チャロン、ピロ、ホイホイホイ」

われらの真上の杉の枝で、かの鳥が鳴いた。

コロコロと転がるような軽やかな音色だった。

昔人は、

「キョロン」を「月」と聞き、

「チャロン」を「日」と聞き、

「ピロ」　を「星」と聞いたらしい。

キョロン、チャロンなどと語っているボクの表現とて、褒められたものではないのだが、最後の、

「ホイホイホイ」

に関しては、誰もがうなづくのである。

それにしても、「月日星」と聞きとる感性を抱いた昔人をもつ、

日本文化に感謝しよう。

早池峰山でクマ遭遇

「山は登ってみなければ分からない」
「蕎麦《そば》は食ってみなければ分からない」
どちらもボクのセリフだが、真実を突いていると思っている。とくに、山は顕著である。想像をはるかに超えた姿を見せてくれる。
《早池峰山《はやちねさん》》も期待を超えてくれた。

《早池峰山》　１９１７メートル
岩手県の麗峰である。６、７月には高山の花が咲き乱れ、登山客が行列をなすほどだと言う。言っているのは、登山口にある小屋の管理人のオジサン。

「クマ出るよ」

スパっと言い切ってくれた。

「クマ優先だかんネ」

人間のために山はあるのではなく、クマのほうが住人だという考え方。

「熊スズ持ってるかい？」

じつは、熊スズ忘れたのである。よって急遽《きゅうきょ》、コッヘル（山用鍋）を蓋《ふた》と二分し、紐《ひも》でリュックに吊るす。カチャンコチョン。いい感じの音が響く。

熊スズ慣れしている熊には、こちらのほうが効くかもしれない。

「樹林帯を抜けたあたりにクマいるからナ」

登山者が残したり、こぼしたお菓子を狙《ねら》って、クマが来るらしい。


さて、なんやかや5時間ほどの山登りを終え下山。仲間と、停《と》めてある車のところまで歩いて戻ろうとしていた。っと、突然……

ドサッ！

道路の左側の崖からなにやら落ちてきた。

真っ黒い……首のあたりに白いものが見える……大きい……

クマ……？

緊張がはしる。

（うごくな）

クマに遭遇したときの鉄則を思い出す。

（逃げるな）

決してやってはいけない禁句が浮かぶ。

（目をそらすな）

そらさないものの、睨《にら》んだほうがよかったっけ？

先日の予行練習が役に立っていない。

距離にして、10メートル弱。クマが襲おうと思えば、2秒とかからない間合い。

ぶ、武器がない。ポケットに車のカギだけだ。しかも最近のカギは、尖《とが》った金属部分がない。

（ん……まてよ？）


奴は、ドサッと落ちた。たぶん、何かの失敗をしたのだと察する。

動物が、落ちるだの滑《すべ》るだのというのは、失敗したときだと思える。

たとえば、猫が木に飛び移ったとき、失敗することがある。すると猫は、

「別に、たいしたことじゃないのよねぇ～」

とばかり、身体をなめたりしてごまかす。あれは、失敗を恥じている。見られたことを知っている。その証拠に、チラッと人間様を気にする。


これと同じことが、クマにも起こるのではないか？


ドサッと落ちたところに、人間がいた。

「失敗を見られたかもしれない。ど、どうする、襲おうか……それともこの場を去るか……」

漫画で表現すれば、クマのほおに、汗がツ～と伝っているハズ。


はたして……数秒足らずのあとに、クマは身をひるがえし、暗い森に消えていった。残されたボクに震えはなかった。しかし、覚悟していたかと問わ

れれば、自信はない。
あとで聞けば、一緒にいた仲間の腕をつかみ、自分のほうに引き寄せていたらしい。
震えはなかったと述べたが、怯《おび》えてはいたようだ。
まあ、クマ側に仲間を押し出していなかっただけでも、良しとしようネ。

栃の木とホウの木　どっちの実

「栃の木」と「ホウの木」

このふたつの区別がつきにくい。

ボクとしては、葉っぱで判断しているが、人に説明するのが難しい。

ホウは、ほう葉のホウの木だ。

　ほう葉焼きなどといって、旅館などで食事時に、コンロの上で茶色の葉っぱの上に肉などをのせ、焼かれている。なぜ葉っぱが燃えてしまわないのか、不思議で、山で拾《ひろ》ったホウの葉を七輪《しちりん》で焼いてみたら、すぐに火がついてしまった。なんだ……燃えるのかヨ？

ホウの木は山の中で頻繁《ひんぱん》にお目にかかれる。一本見つければ、周りに先祖子孫が丈《たけ》を伸ばしている。

初夏に花が咲くと、えもいわれぬ香りを放つ。南国の果樹のような、エキゾチックな香花というより、果物の香りである。大きな白い花弁は、ゴーギャンの絵にでも出てきそうで、りを巻き散らす。それこそ、人を惹《ひ》きつけてしまう。

「うっとり」とは、この花のためにある言葉なのではないか。


われらの仲間にも、ホウの木があるとすぐに教える。

なかでも、ボクと同い年のタキタ君はもれなく、「ホウ」と声を漏らす。

試しに、いちどの山行きで、5回ほど指摘したら、5回、「ホウ」と返してくれた。

お付き合いは完璧である。


さて、栃の木。栃木の栃の木といっていい。

見た目にも香りにもうっとりするゴージャスなホウの花。

たしかに栃木県の山に登っていると、川沿いに栃の木が現れる。《武《ほ》尊山《たかやま》》や《皇《す》海山《かいさん》》などでは、栃の木だらけの場所に出あった。

秋にその木の下を注意していると、栃の実が落ちている。一見、栗の実に似ている。栗はイガイガに包まれているが、栃の実は、むき出しの1個の実。栗に似ているからといって、焼いて食おうなどと思わないほうがいい。えぐい。中身を取り出して、ゴリゴリ擦《す》って、なんとかして、どうとかすると……栃《とち》餅《もち》ができる。淡い繊細な食べ物になる。と、栃木のおばちゃんに教えてもらった。

ホウも大きくなるが、この栃の木も大きく太くなる。水を好むので、川のほとりにとても高い樹を見つけたら、その下で実を探してみるがいい。さっそく見つけたので、タキタ君にさしだす。

「ホウじゃなくて、トチノミだヨ」

「ドッチのみ？」

返しは完璧である。

塩ムスビ

「オムスビをむすんで行こうかな」

ふらっと低山に登ってみたくなる。持っていくのは、オムスビだ。

最近のオムスビは凝《こ》っている。

コンビニもスーパーも、オムスビ合戦をしているかのよう。

中に入れる具が、とてつもなく種類が多い。多いだけでなく、本来ソレは、立派なオカズだろうと思える具材が入っている。

「照り焼きチキン」だの「深煎りチャーシュー」だの、オカズとして、独り立ちしそうな立派なオムスビだ。

「よし、今日は、塩ムスビにしよう」

具材を抜いてみた。オムスビの元祖ともいえる、単純さを求めた。

そもそも、オムスビに具が入っているのを見たのは、東京に出てきてからだった。その昔、故郷・大分県の田舎では、オムスビは、すべて塩ムスビであった。

貧しくて具が入れられなかったのか？

具を中に入れる習慣がなかったのか？

定かではないが、オムスビといえば、手の平の親指の付け根のふくらみに塩をのせて、うんこらうんこらと握るむすび方が、当たり前だった。うんこらやりながら、低俗な馬鹿話をしていると、「話まで握りこむなよ！」叱られたものだった。

オカズは、別に持っていった。といっても、せいぜい卵焼きかウインナーにすぎない。サバの缶詰を持っていくのは、御馳走《ごちそう》のたぐいに入れられた。

オムスビの米が手にネバネバ張り付き、食べにくいという理由で、たまに、海苔が巻かれた。こればかりは、大変な贅沢《ぜいたく》だった。

「海苔が巻かれたオムスビ」との名前まで付けられていた。

つまり、海苔はオカズであるからして、海苔オムスビを食べるときは、オカズを食べなかった。オカズをダブルで食べるような気がしたからである。

そして時折、塩だけでなく、ゴマがフラれているときもあった。

このあたりは、微妙なオカズ感である。分類としては、オカズには入らないのだが、塩以外がまぶしてあるという考え方をもち込むと、ほかのオカズに手を伸ばしていいのかという疑問は少しわいた。

このゴマが、のりたまに進化すると、はっきりとしたオカズと認定される。オムスビに限らず、普段の食事でも、のりたまは、厳然たるオカズとして、食卓にあがっていた。よもや、のりたま付きで海苔が巻かれてあったとしたら、それは、現代でいう、「照り焼きチキン入り」と遜色《そんしょく》ない。

そんなオムスビを食べている人が、卵焼きに箸《はし》を伸ばしたとしたら、バシッと、はたかれる。

「贅沢な！」

オカズ泥棒呼ばわりされるかもしれない。

さあ、今日の塩ムスビのオカズは、目の前の豪華な草原の花々ですヨォ。

古希のパーティーを山頂で

山仲間と低山に遊びにいく。
ならばってんで、ボクが昼ごはんをつくっていく。
この日の山ランチは、オムライス。それも、
[カップオムライス]

作り方は簡単。
まず、フライパンをふたつ用意。片方では、チキンライスをつくる。
一方では、タマゴのスクランブルをつくる。半熟のふわふわに……
さあ、そこで、球場などで売り出されているビール用の、大きな透明のカッ

プを取り出す。内側に、輪切りにしたキュウリを貼《は》り付ける。

　さて、底から、チキンライス、卵、チキンライスの順に、繰り返して、層ができるように積み上げてゆく。５、６段の地層のように見えれば、完璧！　ラップで、グルグル巻きにして、銀色の保温バッグに詰め、中に、熱々のお茶のペットボトルを入れる。

こうすれば、３時間くらいは、ホカホカである。


　さあて、山の頂上にたどり着いた。

「ごはんだヨ〜」

コッヘル（簡易鍋）で湯を沸かし、スープをつくる。

取り出したオムライスに皆が、嬉《うれ》しい悲鳴をあげる。

なんたって、ビジュアルが美しい。黄色とオレンジと緑が層をなしてカップに収まっている。

　青空に持ち上げれば、光と色の３原色が両方そろっている。

山の上で食べれば、なんでも旨《うま》いものだが、カップオムライスは格別である。

ビールカップを掲げたものだから、「いただきます」の合唱の声は……

「カンパ～イ！」


そんなときだ。隣のテーブルにいる方たちが気になった。

男女数人が、一人の女性がつくるモノをじっと見つめている。

長方形の物体に白い柔らかい物を塗り付けている。はて？

ここは山頂。ボクが持ち上げたカップオムライスも奇妙だったが、それをはるかに超えたシロモノだった。

「こんにちは、何をつくってるんですか？」

「バースデイケーキです」

「どなたの？」

「こちらの父が、７０歳の誕生日なので、山頂でパーティーなんです」

聞けば、両親と子どもたち二人とその配偶者。全部で6人。

ケーキを、持ち上げるのではなく、現場でつくる！

山の上でいろんなご馳走をつくるのを見たことがあるが、ケーキとは、これいかに！　しかも、ショートケーキ！　正式にイチゴがのっかっている！

古希の誕生日を子どもたちが、山の上でケーキをつくって祝おうという微笑《ほほえ》ましいイベントにめぐり合えた。

山は、おもしろい！

山の中のクリスマス

クリスマスイブを山の中で過ごしたことがあった。

50年ほども前のことである。


テントを担《かつ》いで、秩父の山の中に入り込み、どこを目指すでもなく、ただ山中を歩きまわる。そのうち日が暮れると、テントを張る。

今と違って、テントを張る場所が、限定されていない時代だった。

3日も4日も、山の中にいると、日にちの感覚がなくなる。

「たしか今夜あたりが、クリスマスイブだったよな」

あくまで「たしか……」である。

若かりしころの「ひとりテント」。

12月終盤ともなると、山の中は、寒い。

まともな寝袋ともいえない袋に下半身をつっこみ、飯盒《はんごう》でご飯をたく。蒸らしているあいだに、味噌仕立ての鍋モノをつくる。具は、魚肉ソーセージに、山の中で集めた草のたぐい。今なら、食材をすべて担《かつ》いでいくのだろうが、当時は、現地調達が基本姿勢だった。

摘《つ》んだときに試しに口に入れてみて、食べられそうだと判断した草たちだ。勘では、下草のたぐいは毒があるモノがあり、樹木の葉っぱは比較的安全なような気がした。

味噌とショウガがあれば、大概《たいがい》のモノは食えた。

ただし、夏場と違って、ほとんどの植物が枯れているので、食材探しが、日中の責務となる。

登山をしているのか、食い物を探して徘徊《はいかい》しているのか、なやましい山歩きになる。

山芋の枯れたツルを見つけたときなぞは、小躍りして喜んだ。

小型スコップで掘って掘って掘りまくった。
直径1メートルの穴を掘り、長さ40センチほどの山芋を手に入れた。
味噌仕立ての山芋汁を食べながら、
舌鼓《したつづみ》とはこういうときに打つものかと感心したものだった。

あるとき、どうしても腹にたまるものが見つからず、目にとまったキノコに手を伸ばした。

キノコだけは食べまいと決めていたのだが、シイタケそっくりの其奴《そやつ》にそそられた。鍋に入れて食ってみた。

あたった。くだした。悲惨だった。


クリスマスイブに、ひとり山の中にいる。

音もなく、ただただ静かなだけの夜。

ラジオもなく、カメラも持たず、いったい何をしているのか?

酒も呑まず、ただぼんやりとしているだけのクリスマス。

目的すらはっきりしていないクリスマス。
今の自分にこんなことができるだろうか?
青い……ということは、宝である。

鳩待峠で鳩が待つ

尾瀬に散策に行った方なら、必ず拝む山が、
《至仏山《しぶつさん》》　２２２８メートル。
「ほとけにいたる」と書く、拝みたくなる山。

乗り合いバスでゴトゴト登山口にたどり着く。
そこは鳩待峠《はとまちとうげ》と呼ばれている。
秋の尾瀬、紅葉の尾瀬を堪能しよう、という登山者が、次々に押し掛ける。

さあ、出発！

涼しい。ピッチがあがる。真夏の山歩きのダラダラ汗かき登る苦労は、そこにない。

快適快調！　口笛を吹きそうなくらいの、足軽し……

登るにつれて、紅葉も進んでゆく。赤やら黄色、ダイダイに黄緑。見事な色彩のグラデーション。

おっ、遠くに見える草原は、「尾瀬ヶ原」ではないか。

緑だった原は、薄茶色に染まっている。草もみじがはじまっているようだ。

草もみじとは、草原そのものが、茶色や黄色に紅葉する様を呼ぶ。


やがて、小至仏《こしぶつ》の手前まで来た。

山には、本来の頂上の手前に、「小」だの「前」だのと名前の付いたピークがよくある。

《仙丈ヶ岳《せんじようがたけ》》における、小仙丈《こせんじよう》、《剱岳《つるぎだけ》》における、前剱《まえけん》。

いずれも、登山者が騙《だま》されるピークである。

「おっ、頂上は近いゾ！」

張り切って登ってみれば、その先に、本物の頂上がはるか先に聳《そび》えている。

そんなピークのことを、

「だまし頂上」とか、「ニセピーク」などと呼んだりする。

至仏山の小至仏は、さほどのダマサレタ感はない。

むしろ、本峰に向かう心湧き踊るステップとして、大きな役目を果たしている。


「あそこまで行くんだ！」

「あそこまで行けば、素晴らしい景色が待ってるゾ！」

「あそこの上で、オニギリを食うんだ！」


ところで、先ほどから幾度も至仏山の名前を書いている。

「仏に至る」とは、なんともおめでたい名前。ところが、記述するとなると苦労する。

たとえば今、「小至仏から至仏に至る山道は」と書こうとしたのだが、

「至る」という文字が連続して登場する。早口言葉ならぬ、早読み文章になっ

ている。

山の話を書いていると、「至る」は常連である。ゆえに混乱をさけるために、尾瀬の話を書くときだけは、「至る」の活躍はなしにしたい。


さてさて、至仏山頂にたどり着き、下山となる。ピストン登山なので、登りと同じ道を帰ることになる。つまり鳩待峠へ向けて。

この峠の名は、とてもロマンチックな響きがある。山の知識人に名前の由来を聞いてみた。なんでも……

「その昔、この地方では、男衆が冬に炭焼きのために、山籠《やまご》もりをしていたそうな。やがて春がくると、鳩がグルッポ～と鳴きはじめる。その声を聞くと、山から夫が降りてくる。つまり、妻が、鳩の鳴き声を待っている峠というわけである」

なるほど、やはりロマンの香りがするではないか。


その鳩待峠に、頂上から一気に降りてきた。峠にある茶屋が見えはじめたときだった。

目の前の登山道に、鳩がいた。山鳩である。

そしてあろうことか、こっちが進むと鳩も進む。近寄れば、どんどん進む。

まるで、道さき案内をしているかのよう。

気持ち的には、鳩に待ち伏せされていたともいえる。

……何が言いたいか、わかりましたね。そう、

鳩待峠で鳩に待たれていたのである。

山の中で鳩に出くわすことは、まれにあるのだが、

まさか、鳩待峠で、その名のとおりの歓待を受けるとは！

グルッポ〜

山の落とし物 3

サングラス

コレを落とすには、典型的な落とし方がある。サングラスをして、帽子をかぶっているときに、陽が陰っている箇所を通りかかる。暗いのでサングラスをはずす。ポケットにでも仕舞えるならいいのだが、つい、ひさしの上の帽子にヒョイとかける。そのまま歩きつづけ、あるとき、帽子をとることがある。そのときには、サングラスのことは忘れている。帽子にくっついていたサングラスはどこかにはじけ飛び、たとえば、草の上にでも軟着陸し、音もたてず置き去りにされる。その後、陽が当たりだしてから頭に手をやっても後の祭り。はい、サイナラ。

第4章★　山小屋で

てるてる坊主　蛭ヶ岳

てるてる坊主を最近つくりましたか？

じつは、もう何十年もつくっていない。

そのことに気づき、恥ずかしいかぎりだ。

晴れを願う気持ちを、形で表わす日本の優《すぐ》れた技を、忘れたかのような自分が、許せない。

そのくせ、てるてる坊主を見つけると、歌いだす。


♪～てるてるぼうず、てるぼうずぅ～

あーした天気にしておくれぇ～♪

神奈川県の丹沢山系の最高峰、《蛭《ひる》ヶ岳《だけ》》1673メートル。山頂に建つ、蛭ヶ岳山荘の軒《のき》に、てるてる坊主がぶら下がっている。

山小屋の主人がつくっている。雨風にうたれ、ボロボロになると、二代目、三代目とつくりつづけ、うんこらしょと、汗みどろで登ってきた登山者の目をなごませている。なごませるだけでなく、本気であしたが晴れることを願っている登山者に、安らぎを与えている。

たとえば、下の写真を見せて、

「どこの山小屋でしょう?」というクイズを出すと、かなりの正解者が現れる。さほ

蛭ヶ岳山荘のてるてる坊主。

ど有名な、てるてる坊主だともいえる。

ではこの山小屋では、なぜそんなに晴れが嬉《うれ》しいのか？


蛭ヶ岳の頂上に建つ山小屋の周りに樹木はほとんどない。360度見渡せる。そのなかで、もっとも素晴らしい景色は、夜！

関東平野の夜景のキラメキが、遠望できるのだ。東京は全景、房総《ぼうそう》半島も、はるか彼方まで、くっきりと夜空の暗闇のなかに浮かび上がる。

針のように立っているのはスカイツリー。群れのようなビルの並びは、新宿や渋谷の街並み。あっちは横浜のランドマーク。

そのまま顔を空に向ければ、降ってこんばかりの星たちが、街のキラメキと共演している。

この光のなかに、1000万人以上の人たちが暮らしているのか……

空気の薄い高みから、見下ろしている。


じつは、東京の夜景を見下ろせる山頂は、いくつかある。そのなかでも、山頂小屋があるのは、《塔ノ岳《とうのたけ》》《丹沢山《たんざわさん》》と、この《蛭ヶ岳》の三つだけ。日本にある山小屋で、山頂に建っているのは珍しい。どちらかといえば、山頂より少し下った鞍部《あんぶ》であったり、森の中だったりする。そのほうが風あたりも弱く、水の確保もしやすい。そのうま味を捨ててでも、山頂に三つもの山小屋、それもすぐ近くに位置する。理由は、すでに述べたとおり……夜景。

夜中に目が覚めた登山者が、小屋の外に抜け出し、夜景が霧に消されていくのを眺めながら、歌を唄っている。

♪～てるてるぼうずぅ、てるぼううずぅ～
いい、今だけ天気にしておくれぇ～♪

黒百合ヒュッテでピアノ！

「ピ、ピアノがあるんですか？」
驚きの声をあげたのは、八ヶ《やつが》岳《たけ》連峰の《天狗《てんぐ》岳《だけ》》にある山小屋、
黒百合ヒュッテのこたつの中だ。

真冬にアイゼンをガシガシ効かせながら登ってくること、標高２４００メートルの山中に、その小屋はある。

そもそもこの場所に山小屋ができたのは、７０年ほど前のこと。
当時としては珍しいことに、ひとりの女性が、亡き夫の遺志を継いで、建てたのである。現在は、その息子の息子が跡を継いでいる。
つまり、このあと「先代」という言葉が登場したら、女性の息子のことだと考えてもらえたら助かる。

この先代は、じつにおもしろい人だったようだ。

というのも、先代が出された本を、３冊読ませてもらったのだが、いったい身体がいくつあったのだろうと思うほど、精力的にいろんなことをなさってきた御仁である。

その本に、ピアノのことが書かれてある。

日本にはあまたの山小屋が存在するが、ピアノのある山小屋はいくつあるだろうか？

２００キロ以上もあるモノを運び上げるには、お金も労力もいる。

ところが先代は、２４００メートルの高地で、コンサートをひらきたかった。

正確に語れば、ご自分が聞きたかった。よしそれならばと、ヘリで運んだのである。

黒百合ヒュッテにたどり着き靴を脱ぐと、広間があり、こたつがある。なんとなく皆が寄り集まり、お茶を飲んだりビールを呑んだり。

背後の神棚的な位置で、アップライトピアノが、振り返れば、漆黒《しっこく》に輝いていた。

「弾《ひ》かせてもらっていいですか?」

朝、宿泊客が皆出発したころをみはからって、小屋番さんにお伺いをたてた。

「ええ、どうぞどうぞ」

オーケーをいただいた。1年間、練習を重ねた曲を、演奏してみようと腕をまくったのだ。まさか、山小屋でピアノを弾けるとは思ってもみなかった。

じつは、ボクは楽器がなにも弾けない。楽譜もまったく読めない。しかし、生涯にひとつくらい曲というものを、ピアノで弾いてみたかった。その望みをなんとかかなえられないものか? 友人のジャズピアニストの塚原小太郎さんに願いを乞うと、あっさりオーケーしてもらえた。曲は決めてあった。「ドビュッシーの月の光」、なぜ、この曲なのか?

19歳の秋、穂高連峰の大キレットの壁にいた。

雨風が吹き荒れ、登るに困難、戻るに難《かた》しの状況に、苦しんでいた。

青春とは、おバカを二乗したようなもので、天気状況を調べてこなかった。

強風が壁から身体を剥《は》がそうとすると、必死になってしがみつく。

ほんの数秒風が弱まったスキをついて、前に進む。遅々《ちち》とした登りの末、
北穂高岳山荘の入り口までたどり着いた。

転がり込んだボクにあびせられたのは、ドラ声である。

「ばかやろう！　こんな日に登ってきやがって！」

小屋の主人の叱り声がつづく。

天気予報を見なかったのか？　台風が目に入らなかったのか？

雨具はとばされたのか？

罵倒《ばとう》しながら、脱がせた衣服をストーブで乾かし、熱々のカレーライスを食べさせてくれた。


やがて陽も暮れ、うとうとしていると、こっちへと手招きし、談話室に連れていってくれた。そこには、当時、山小屋にあるとは思えない立派なステレオが置かれてあった。もちろん真空管のアンプである。大きなレコード盤

を取り出し、かけてくれた曲が、

「ドビュッシーの月の光」

外の強風もおさまり、窓から月が見える。ふと口に出してつぶやいた。

「3100メートルの高みでは、月の光は、こうやって降ってくる」

あれから半世紀。山の上で、ボクはピアノの前にいる。

山小屋の音問題

「山小屋に泊まる」

そそられる響きがある。

ただし……ルールを守らなければならない。

そのルールは、どこにも書いていない。暗黙のルールである。

イギリスの法律のように、「不文律」なのである。

では、ここでは、「音」に特化して、その一端を紹介してみよう。

　小屋の中では、２０人ほどが、ひと部屋で泊まったりもする。

隣との距離は、さほどない。そんなとき……

◉熊鈴を鳴らさない

山小屋に着いたら、中に入る前に、熊鈴を鳴らないように、仕舞《しま》う必要がある。チリンチリン！　自分では、気持ちのよい響きの鈴なのだが、他人が聞けば、ただのウルサイ雑音にすぎない。時には眠っている最中に、チリンチリンが鳴り響く。まだ仕舞っていなかったとみえる。

さらには、夜中の2時、鈴の持ち主が早出《はやで》しようとしている。リュックに付けた鈴がチリンチリン！　就寝中の数十人が、オオマイゴッド！

◉コンビニの袋の音がうるさい

衣服や食べ物などをリュックに詰める際、コンビニの袋に、小分けにして入れると便利だ。しかし……コンビニの袋を触る行為は、静かな部屋の中では、思いもかけないほどのイヤな音を振りまく。

カシャカシャカシャ、シュカシュカシュカ

地下鉄の入線時の音に匹敵するデシベルだそうだ。

夜中に、コンビニの袋を触るのはやめたほうがいい。代わりに、ナイロン製の袋を使うと、音は小さい。

◉スリッパの音

夜中にトイレに行くときに履《は》いているスリッパの音。

パタパタパタ

寝ている人をほとんど気遣っていないパタパタ音。

「ああ〜うるさいな」

と憤懣《ふんまん》やるかたない人が、鼻息荒くトイレに立つと、

やはり同じく、パタパタパタ。

「眠れないじゃないかぁ〜」

っと、次の憤懣やるかたビトも、やはり、パタパタパタ。

「おい、いいかげんにしろヨ！」

と立ち上がった激怒ビトは、もっと立派なパタパタパタ。

山小屋の眠れない夜は、スリッパのパタパタ音の、

タップダンス競演である。

◉怪談をするな

山小屋の夜は長い。

まだ陽が高いころから一杯ひっかけた連中が、囲炉裏端《いろりばた》で、山談議に花がさく。そのうち誰ともなく、怖い話をしはじめる。最初のうちは、どこどこの崖で落ちかかっただの、雷に打たれそうになっただのと、いわゆる怖かった話で盛り上がっている。

そのうち、ひとりが低い声でぼそりとはじめだす。

「これは本当にあった話なんだけどネ、あの夜は、雨風が強くて……」

暗い電灯の下、シンと静まり返った山の上では、どんな話でも信ぴょう性が増す。首をすくめて聞き入っている連中は、相槌《あいづち》すら打たず、怖い話の終点を知りたいような、知りたくないような……

50年ほど前の山小屋では、そんなシーンに主人が現れるや、

「やめんかい！　ワシらは、これから何か月もここにおるんやゾ！」

どなられたものだった。

　そりゃそうだ、毎晩トイレに行くのも、真っ暗な小屋にいる小屋番さんたちにとってみれば、怪談など聞きたくないに決まっている。

とくに遭難したおろく（遺体）を小屋に収納することもあるのだから、幽霊話は、忌《い》み嫌う。

　むしろ、不思議な声を聞いただの、死んだハズの人を見ただのというのは、小屋番さんたちにとって、ありふれたことなのかもしれない。

甲武信小屋の玄関　「THE 山小屋」という風格あるたたずまい。

山小屋の本棚

山小屋に行くと、部屋の片隅に本棚がある。

小屋の主人が読んだのか、登山者たちが持ち寄ったのか、ずらりと並んだ本は、ほとんどが山に関するモノだ。漫画なんかもあったりするのだが、それすらも山の漫画。たまに、その小屋の主人が書いた本があったりする。

コレが、なかなかおもしろい。

ほんわかした文章で、ユーモアにあふれている。

手に取り、薪《まき》ストーブの前の長いすに座り、暗い明かりのなかで、読みはじめる。いろんな人の手に取られたとみえて、かなりすり減っている。

ページの角が折り曲がったりしている。

ときに、わざと折り曲げてある箇所で立ち止まってみると、なかなかおもしろい描写に出くわしたりする。

気に入ったからといって、本を持ち帰るわけにもいかないから、カメラでページを撮《と》り、お気に入りのエッセイとして、パソコンにしまいこむ。それらが溜まり、時折、ＮＨＫラジオ「山カフェ」の、《マスターの本棚》のコーナーで、披露させてもらっている。


山小屋の主人というのは、山が好きでないとできない。自然大好き人間が、その能力を発揮できる、最高の場を与えられたといってよい。

なんといっても、すべてが実話なので、リアル感が段違い。

たとえば、丹沢山系の《塔《とう》ノ岳《たけ》》の頂上小屋、「尊仏《そんぶつ》山荘」の管理人の花立昭雄さん。『山小屋主人の炉端話』（工藤隆雄）という本のなかで、小屋に荷をあげるボッカ（歩荷）さんの話を書いている。

チャンプと呼ばれるボッカさんは、非常な暑がりで、冬でも短パン半そで

山小屋の本。多くの登山者に読まれた。

の格好で背負子《しょいこ》を担《かつ》いでいる。あるとき、あがってきた彼の姿を見て驚いた。どう見ても、下着のパンツしか穿《は》いていない。どうしたのかと尋ねたら、「ズボン穿くのを忘れた」と答えたのである。

子どもじゃあるまいし、いい大人がズボンを穿き忘れるだろうか？　この逸話をボッカさんに敬意をはらって真面目に書いている。

パチパチパチ……

ストーブの薪がはぜる音を聞きながら、本のページをめくる。炎のだいだい色が文字を染めている。ひょっとすると、小屋のオヤジさんも、この色に染まりながら、ペンをすすめたのかもしれない。書かれた場所で、その本を読む。なかなかほどしっくりいく場所もない。

ときに、夕焼けの描写があれば、木の扉をギギギと開け、外に出て目もくらむばかりの夕陽を浴びたりする。

ときに、星空の話が登場すれば、夕食後にサンダルをつっかけて、表のベンチで満天の星空を見上げる。

そうか、こんな夜空を、つねづね眺めている方が書かれた本なのか！

山小屋まちがい

《三《み》頭山《とうさん》》に登ろう！

奥多摩にある、１５３１メートルの山である。

奥多摩へは、車で向かう。案内本には、こう書いてある。

「登山口に、〈都民の森〉なるものがあり、駐車はそちらへ」

さっそく、カーナビに、都民の森と打ち込んだ。

すると、〈奥多摩都民の森〉が表示されたので、すぐさま選び、出発だ！

この打ち込みが、のちに大問題となる。

小1時間で、カーナビの「目的地付近です」の声が聞けた。
ところが……日曜というのに、パーキングにほかの車がいない。
ま、なにはともあれ、歩きはじめる。
すると、小鳥が鳴きはじめた。腹が赤く、頭が黒い。
おお、アレは、ウソだな。
　ウソという名前の小鳥が、鳴いている。

しばらくして……どうも、地図と歩行路が合わない。
出発点からして、案内文と違いすぎる。
おかしい……？
　山道に標識が出てきた。
「御前山《ごぜんやま》はコチラ⇒」と書いてある。三頭山じゃないの？
われらは、まったく違う山に来てしまったのかい？
山の中で、道に迷うというのは、よくある話だが。
山自体を間違えて来てしまうとは、なんたることだ！

とってかえして、カーナビを調べてみた。
なんと、〈都民の森〉と、〈奥多摩都民の森〉のふたつがあるではないか！
ガ〜〜〜ン
だ、だから、ウソが鳴いていたのか……
これは、山まちがいの話。
しかし、山登りでは、もっとユニークな間違いをおかした人もいる。

先日、《谷川岳》の「肩の小屋」に泊まった折、小屋番の森下さんに、お話がきけた。最近の山小屋は、携帯電話で応対しているケースが多い。

ある日、その携帯電話が鳴った。その日は、今季の小屋は閉鎖されたあとで、森下さんは、山を下りており、麓《ふもと》で電話にでた。

「はい、肩の小屋の者ですが」

「予約しているモノですが、登ってきたら小屋が閉まっているんですが」

「はい、今季の小屋は終わりました」

「え〜！　でも予約しましたヨ」

「いえ、受けておりませんが」

「いや、しました！　そちら肩の小屋ですよネ」

「はい、谷川岳の肩の小屋です」

「ほらやっぱり、予約しましたヨ」

「失礼ですが、予約した番号に一度かけてみてください」

いったん電話は切れ、しばらくしてまたかかってきた。

「ごめんなさい、私が予約したのは、《北岳》の肩の小屋でした」

「っと言いますと？」

「ネットで調べるとき、肩の小屋と調べましたら……」

「調べたら」

「間違って、北岳の肩の小屋のページを見て……」

「南アルプスの北岳ですネ」

「その番号に電話して予約したようです」


で、その後、どうなったか？

秋も深まった時期、野宿するわけにもいかず、小屋の方の許しを得て、宿泊棟の中に入り込み、置いてあったビニールの袋を体に巻き付けて、夜を過ごしたそうである。

道まちがいは、戻ればよい。山まちがいは、登らなければよい。しかし、肩の小屋まで来たら、ほとんど遭難である。

よかったねぇ、電話だけは通じて……

深夜の山小屋　打ち上げ花火

山小屋の音問題のなかで、コレが最大問題だと言いつのる人もいる。

［寝屁《ねべ》］

深夜、２０畳ほどの部屋に寝ている２０人ほどの登山者。

標高２０００メートルを超える山小屋では、外音はない。

虫も鳴かない、鳥も鳴かない、泣く子もいない。

シ～～～～～～～～～ン

耳がどうかなりそうなほど、静かである。

そんなとき……眠りながら、放屁《ほうひ》する輩《やから》がいる。

放屁といっても単純ではない。では、パターンをあげてみよう。

①だからどうした派

ボカ～ン！

堂々と、屁《へ》をひる。ためらいはない。

布団の中でひるというよりは、布団から、わざわざおケツを出してひっているから、あれほど大きな音がするのだと思われる。

②あ、出ちゃった派

プッ

音は、限りなく小さい。しかし、出たことを恥じるあまり、その直後にゴソゴソと、何もなかったでしょう布団いじりをやりつづける。

③トランペット派

プ～～～～～～～～～～～～～

本人は、ヤバっと思った時点で、やめられなくなっている。変にやめると、音が極端な音に変化するのではないかと危惧《きぐ》し、今の状態をキープしようとしている。

ゆえに、トランペットがつづいてしまう。

④キッツキ派
ぷ・ぷ・ぷ・ぷ・ぷ・ぷ・ぷ・ぷ・プチッ
短音が小気味よくつづき、最後にこれでお終《しま》いとばかり、プチッっと最終音で切れる。

⑤チャルメラ派
パララ〜〜ララ　パララ〜
メロディアスである。芸術家といっていい。
本人に、寝屁をしている感覚がないのかもしれない。
陶酔感すらただよっている。

しかし、二度と同じメロディはできないらしい。

⑥恐竜派

パオ〜〜〜ン！

説明不要。

⑦三段跳び派

プッ　　プッ　　ぷぃ！

（ホップ・ステップ・じゃんぷ！）

プッと出たあと、まだ残屁があると気づき、さらにプッと出してみたら、おおまだ残っているではないか！　ってんで、最後は、きばって出している。腹筋が活躍している。

言いたくはないが、パンツ問題が気になる人である。

山の上、２０００メートルを超えると、気圧の関係で、腹にガスが溜まりやすい。普段、ガス関係に希薄な方でも、なにやら下腹部がうごめく。

夜中の静寂をやぶるべく、誰かがきっかけの一発をもらす。

「バフン」

部屋中の全員が、ハタと耳をそばだてる。

「いいのか、出しても」

（我慢しなくてもいいのか）と開き直りはじめている。

そんなときだ、①の、だからどうした派さんが、
ここぞとばかり思いっきりひりだす。
バッコ〜ン！
こうなったら、あとは早い。
派閥に入っていない人たちまでが、プイプイやりだす。
遠慮という美意識はふっとんでしまった。
代わりに、「競演」という言葉が浮かんでくる。
アレに似ている。

「さあ、隅田川花火大会、最後を彩るのは、
　８０００発のスターマインでございます！」
乱れ打ちである。
人の心を揺り動かす、やりたい放題の暴れ打ちである。
バヒッ　ぷいっ　ぷぷぷぷっ　ピィィ
ブフォ　ブっ　ぱぉぉぉぉお〜〜ん
ドバッ　ぷぅぅぅぅぅぅつっぅ

花火大会では、終わったあとに、「はい終わりました」とばかり、光のない音だけの花火が上げられる。
対して……深夜の山小屋では、やはり、最後に小さな一発が上げられる。
ぷぅぅぅ
安堵したわれわれは、ふたたび眠りにつくのであった。

山小屋の恐竜

穂高岳連峰の涸沢《からさわ》カールにある山小屋、涸沢ヒュッテで、眠りにつこうとした。

山小屋の夜は早い。５時に夕食を食べ、７時には、床につく。

わが部屋は４人部屋だ。部屋ったって、薄いカーテンごしに、隣の部屋、アッチの部屋、ソッチの部屋と筒抜けである。

　グゥオオオオ～

いきなりはじまった……イビキだ。

（しまった、のりおくれた！）

複数の人たちと眠る場合、肝心なのは、先に眠ることである。のりおくれたと気づいたときには、すでに遅し。これからモンモンとした長い夜を過ごすことになる。

５０年ほど前、まだ登山者の平均年齢が若かったころの山小屋は、夜、イビキの大合唱で、凄《すさ》まじかった。往復イビキは当たり前、ゴジラやゾウ、はては恐竜までもが登場したもんだった。

これが、夜どおしつづくのである。そして、朝になると、「いやあ～　怪獣の雄たけびで眠れなかったよ～」同じセリフを全員が吐く。

ことは、イビキだけではすまされない。イビキの不協和音のあいだに、歯ぎしりが、パーカッションよろしく挟《はさ》まれる。カリカリキリキリ、歯も折れんばかりの金切り音は、眠るどころではない。

そこをなんとか我慢して眠りに落ちかけたところに、コレがはじまる。

［寝言］

これまた、ムニャムニャ程度の寝言ならまだしも、まるでその場に恋人がいるかのような甘い言葉をささやく青年がいる。

また、その日にあったことを、日記のように初めから羅列する輩もいる。

「その石、動くから気をつけて。ところでこの道あってるのかな？」

滑舌《かつぜつ》よく、とうとうと語りつづける。

起きているのかと覗《のぞ》き込むと、しっかり目を閉じて、爆睡しているらしい。

イビキと歯ぎしりと寝言の三重奏。

やたら体力がある山男たちなので、本来静かなハズの山小屋が弦楽三重奏ならぬ、大不協和音交響曲を奏《かな》でている。


そして現代。

「しまった、のりおくれた」と思いきや、夜半にはじまったイビキは、すぐに止んでしまったのだ。

夕食時を思い返してみた。宿泊客の平均年齢が、60を超えていた。イビキとは、体力のいる身体活動なのだと悟る。

歯ぎしりもなかった。きしる性能の歯を持ち合わせなくなったのか？

歯ぎしりの原因を、体外にはずして眠りに入ったのか？

寝言にいたっては、とんと聞かれない。恋愛と悩みは若者の特技なのだろうか。

するってぇと、ご隠居同士で交わされる、イビキ談義があるかもしれない。

「いやあ〜立派なイビキでしたナ、お宅もまだまだお若い！」

「いえいえ、あんたの歯ぎしりもなかなか。ポリグリップ仕込みですか？」

秘湯　赤湯に誘われて

「この先の崖を下ったら、〈秘湯赤湯〉に行けますヨ」

《苗場《なえば》山《さん》》の山頂小屋のご主人が、教えてくれた。くれたものの、その時間からソッチに下るのは、用意もしてきていないし、地図もない。

では、改めてってんで、いったん苗場山を降りてきた。

　翌週、ふたたび苗場に向かっていた。

なんせ、秘湯の文字が頭から消えない。ただの秘湯ではない。

昨今、秘湯と呼んでいる温泉はあまたあれど、山登りしなければいけない温泉は少ない。

歩きはじめたのは、苗場スキー場から、ガタゴト道を車で6キロも入り込んだ山の中。赤やら黄色、色とりどりの紅葉満開の季節である。いつものリュックの中に、手ぬぐいと着替えを余分に入れ、すっかり温泉気分で両腕を振っていた。

しばらくは、だらだらとした林道を歩いていたのだが、棒橋という鉄の橋を越えたところから、本格的な山道になった。温泉だから沢沿いに進むのだろうという、温泉気分がふっとんだ。

グングン高度を上げてゆく。

「こんなに登ったら、お湯なんか出ないんじゃないの？」

唇を尖《とが》らせていると、鷹ノ巣峠《たかのすとうげ》に出た。なるほど、険《けわ》しい山なので、いったん高みまで登り、それから下るという寸法。汗をかかざる者は、湯船に入れない仕組みになっている。間違って、ハイキング気分でやってくると、スリリングな崖道で、キモを冷やすことになる。

上り下りすること、２時間半。それが見えてきた。

〈山口館〉
泊まりもできる温泉宿。湯に浸《つ》かるだけなら、５００円。
切り立った谷間にゴウゴウと谷川が流れている。
その流れの真横に、３つの風呂があった。
ひとつは露天風呂。女性用もしつらえてある。
露天風呂にしずしずと身体を沈める。

ああぁ〜〜〜〜〜〜！
大きなため息は、谷川の流れの音でかき消える。
熱さがじつに気持ちいい！　湯の色が濃い茶色をしている。
赤湯の名の由来は、この色にあるらしい。
ペロリと舐《な》めてみると、鉄の味がする。
どうやら、その鉄分が酸化して、赤い色に変色するようだ。
両側にソソリ立つ岩壁に紅葉が映《は》えて美しい。

「あぁ～いつまでも浸かっていたい……」

ん……？　今日は、日帰りだよナ。このふにゃふにゃした身体で、またあの峠まで登り返し、帰らなければならないんだよナ。

こりゃ、真冬の眠たい朝にふとんから這《は》い出す以上に、奮起がいるンでないかい……

赤湯温泉・玉の湯。「あかき湯に　もみじひとひら　べに足して」。

山の落とし物 4

ストックのゴムキャップ

ストックのゴムキャップが山道に落ちている。ゴムキャップははずれやすい。はずれたことに気づかない。山道のあちこちに落ちている。私も落とす。だから拾いもする。私はこう呼んでいる。「ゴムキャップは天下のまわりもの」。誰かに拾われ、また落とされ、ふたたび拾われ使われる。いろんな人のストックで山旅をしているともいえよう。やっと山から降りてきたと思ったら、すんでのところで、他の人のストックのお世話になり、再度登山が開始されたりする。なかには、仲間のキャップたちとともに、どなたかの部屋のトロフィーの隣に、山の名前付きで並んでいたりする。

第5章★ へえ〜

白い虹

〈白い虹〉をご存知だろうか？
虹とは、レインボーであり、7色である。それが、白いとはいかに？
白い虹がよく見られるとして有名なのが、尾瀬。
尾瀬ヶ原に早朝、晴れている日に、霧が出ると、虹が立つ。
その虹の色が抜ける。すると白くなる。
なぜ？

　虹とは、雨上がりに太陽と反対側に出る現象だ。
虹を見ているアナタの周りに雨は降っていない。

遠くで今まさに雨が降っている場所に虹がでる。
雨粒がプリズムとなって、光の屈折度を調整してしまう。そのとき……
もしアナタの近くに細かい霧の粒子が浮かんでいたとしたら……
雨粒よりはるかに小さい霧の粒子における光の屈折は、とても小さい。
むしろ、あちこちに散乱し、色も混ざり合ってしまう。
よって、白くなってしまう。

早朝、南アルプスの鳳凰三山《ほうおうさんざん》の《地蔵岳》直下を歩いていたら、突然、白い虹が出現した。
「白虹《はっこう》」とも呼ばれる。
山の中で、しばしば見られるのだが、意外や、登山者も気づきにくい。
虹ならば、色がついているので、
「おお～虹だぁ～！」
感嘆の声を皆であげる。気づいていない人にも教えようとする。
しかし、白い虹だと、クッキリしていないかぎり、たんなる曲がった霧くらいにしか感じていない。

たとえば、この白い虹がもっと近くに現れたらどうだろう？

自分との距離が、１００メートル以内だとしたら……

それは、違う現象で言い表されている。


〈ブロッケン現象〉

やはり山の稜線などで、太陽と反対側に、自分の影の周りに真ん丸く光輪ができる。霧による自然現象である。色は白い。

科学的な説明がなされていなかった時代には、

「仏様の光臨だぁ〜」

「神様の後光！」

人びとは畏《おそ》れおののいた。絵に描かれたりもした。

自分の影だと気づいていないので、指さしたり、身体を動かしたりすると、影まで動きまくる。それを見て、

「怪獣が出たぁ〜！」

霧のケルン。山中で霧が出ると、ケルンが幻のように浮かぶ。

騒げば騒ぐほど、怪獣は暴れる。

このブロッケンにも「7色」と「白い」のがある。
もうおわかりだネ。7色は、アナタとのあいだに、霧はなく、
白は、アナタも霧の中に包まれている。

一尺八寸山

難読の山というジャンルがある。

読んで字のごとく、声に出して読めない山といえよう。これは、パソコン通信の「山のフォーラム」で１９９６年に行われた「日本異様難読山名コンテスト」で、投票により選ばれたものである。ベストランキングが発表され、その山に登りたいと、ツアーまで組まれていたりする。

ボクのふるさと大分に13位の山がある。《万年山》と書いて「はねやま」と読む。土を跳ね飛ばしてできたという伝説があり、ミヤマキリシマの樹々の美しさで知られている。

では、難読日本一の山はどこ?

《一尺八寸山》 707メートル

おお〜これも大分県ではないか。登ってみたい。

読み方をうろ覚えのまま、その正体を調べるべく、東京から大分県まで車を走らせた。真っすぐ向かわなかったので、一週間ほどかかった。

たどり着いたときには、なんと読むか？　すっかり忘れてしまっていた。

え〜と……？　ま、登れば、思い出すだろうってんで、日田市《ひた》へ向かう。

日田とは、真夏の天気予報で、

「本日の最高気温は、日田市の38度でした」と発表される盆地である。

13位の万年山とは隣町。

さて、車を走らせるも、登山口が見つからない。

誰かに訊《き》こうにも、読み方がわからないので発声できない。

よし筆談にしようと、文字を書いていたら、

あったあった！　やっと見つけた看板に、やはりこの文字。

《一尺八寸山》

ふり仮名がない。わざとないのか、関心がないのか……

当たり前すぎて、フリガナの必要がないのか……


折よく、登山口の近くで、椎茸《しいたけ》栽培を営むおいちゃんと出会った。

「なんと読む山ですか？」

「みおうさんじゃな」

「みおうさん？」

「昔々、この山に悪い暴れイノシシが3匹おってナ、そりゃいかんと、殿様が退治させたんじゃ。ほんで、その尻尾を切って長さを測ったら、合わせて、一尺八寸あったんじゃと。んで、三つの尾ってんでヨ。みおうさん」


ここで、アナタに訊《き》きたい。

この解説で納得できたでしょうか？　これでいいのでしょうか？

なんといっても、大分県である。トンチで人を笑わせていた吉四六《きっちょむ》さんの文化が息づく村ばかり。おかしな発想で人を笑わせて暮らしてきた歴史の町。

ふ〜〜ん、みおうさん
なんで、殿様は尻尾をちょん切ったんでしょうかネ？
なんで、長さを測ったんでしょうかネ？
なんで、3匹分足したんでしょうかネ？
家老は、なにか進言しなかったんでしょうか？
「殿！　後世のためにも、どうかご一考を！」

っと話はここで終わらない。

一尺八寸山のほど近くに、なんと難読3位の山がある。日田の奥深さを知るがよい（2位はさておこう）。

《月出山岳》　709メートル
はい、アナタはどう読みましたか？　読めたらたいしたもんです。いや、間違っても読めません。この名前にも、吉四六気質がかかわっているかもしれない。では、まず、読み方を教えます。

「かんとうだけ」

意味は、先ほどのおいちゃんに手伝ってもらいましょう。
「あんな、その昔、あの山はなんちゅう山かなあ？　と尋ねられて、その方向を見たら、それは、東の方角じゃった。つまり月が出る方角じゃった。ほんで、月出山岳と漢字をあてた。ほんで、その方角は、大分の日田から見て、関東の方向じゃった。ほんじゃけぇ、かんとうだけと読んだんじゃ」

納得できたでしょうか？
たしかに月の出る方角は東で、日田から見れば、関東の方角なのは間違いないでしょう。しかしそれなら、四国だって、東の方角です。なんなら大阪だって、名古屋だって、東です。よほど関東にあこがれていたのか、関東という響きが好きだったか……

こんなふるさとをもつボクは、似たような気質がしみついているようで……

伐株山のブランコ

大分県の中央部に、玖珠《くす》、という町がある。

その玖珠町に、町を見下ろせる山がある。

《伐株山《きりかぶやま》》　６８６メートル

まさに伐り株のような形をしている。テーブルマウンテン。

平たい頂上に、おもしろいモノがある。

〈ブランコ〉

このブランコのなにがおもしろいかというと……

ヒモの長さが長い。公園などで見かけるブランコの倍以上の長さがある。

伐株山山頂のブランコ。あの町まで飛んで行こう！

そしてなにより、そのロケーションだ。

山のテッペンでブランコをこぐのだから、高く上がったときには、眼下に見える町へ飛んでゆくような感覚になる。このまま飛び出せば、空を飛べるような錯覚も起きる。なんとも気持ちがよい。あまりにも楽しいので、ついつい大きく高くフリ過ぎて……っと、どうなる?


ブランコに酔ってしまうのである。

車酔いならぬ、ブランコ酔い。普段、短い振幅に慣れているものだから、長い振幅の行ってこい、が体になじんでいない。三半規管《さんはんきかん》が揺さぶられ、平衡《へいこう》感覚がおかしくなる。んで……「おえっ」

伐株山山頂のブランコは、いくら景色がよいとて長時間のらないほうが賢明です。

アンザイレン

雪山のかなりの傾斜になった個所にやってきた。

滑り落ちたら、危険だ。そんなとき、単独行以外では、このやり方で進む。

〈アンザイレン〉

それぞれが、ロープで結び合うのである。

腰のあたりに、ハーネスという安全バンドを巻き、カラビナという金属のワッカをぶらさげる。それに、ロープを通し結ぶ。

もし万一、片方が滑り落ちたら、
もう一方が、グッと力を入れて、持ちこたえるという単純な確保方法だ。

もちろんピッケル（金属の杖）を持っているので、それを雪に突き刺し、さらなる確保体制をとる。

二人以上のパーティーであれば、全員がその体制をとり合う。

　さて、ここで、もっと困難な状況が現れたときの話をしよう。

岩山の稜線で、一方がどちらかの谷に滑落《かつらく》した場合だ。

「うわぁ〜！」

両側が切り立った稜線を進んでいるとき、前を歩く者が、右側の谷に落ちてしまった。

　それを察した後ろを歩く者はどうしたらいい？

さきほどの、グッと力をこめたくらいでは、フリー落下する人間の重みには耐えられない。グッとという止め方は、とっさのときには役に立たない。むしろ二人一緒に落ちてしまう。今、まさに彼は落ちつづけている。彼と自分のあいだのロープの長さは6メートル……考える余裕は、ゼロコンマ何秒しかない。

どうする？


〈答え〉彼が落ちた側と反対の谷に、身を投げるのである。

　彼が右側に落ちたなら左側。自分の体重で、滑落を止めるのだ。

苦肉の策といってもいい。昔から、最終的にはこの方法でお互いを助け合う、という信頼を結んでいた。


　とはいえ、とっさに崖から断崖に身を投げ出せるだろうか？

１００メートルを超す断崖かもしれない。１０００メートルかもしれない。

ロープが切れれば、一巻の終わり。

ということで、昔から登山部などでは、訓練として、この飛び降りを、安全なところでやっていた。

とっさに身体が動くようにするのが訓練である。

　言い換えれば、究極の訓練をやっていれば、そこまでではない試練は、乗り越えられるだろうという、人の幅を広げようとしている。

大キレット長谷川ピーク。ひたすらよじる。

アナタが、授業や職場で、

「なぜこんな理不尽なことをやらされるのだろう？」

と疑問を感じたら、ひょっとするとそれは、

「アナタの幅を広げようとしている」のかもしれない。

霊仙山に登る

春、関西の名峰《伊吹山《いぶきやま》》から眺めていると、真南に、まだ残雪を抱いている山があった。

《霊仙山《りょうぜんざん》》　１０９６メートル

この山が驚きの山だった。

イントロからして、深山の深さがあった。

谷間を歩きはじめてほどなく、緑の苔《こけ》にまぶされた石垣が現れる。

石垣で囲われた屋敷跡だ。

広さにして３０～１００坪ほどの屋敷の跡地が、次々に出現する。

おそらく４０戸を超える家が建っていたと思われる。

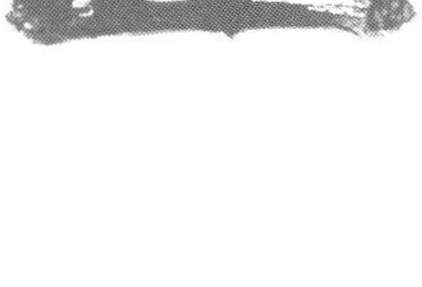

その昔、霊仙《りょうぜん》という名の僧侶がおられた。

日本で唯一の三蔵法師といわれたお方だとあとで知る。

今は、杉の大木が住居跡に林立しており、いにしえの時代の面影は、緑の苔の石垣だけ。


ボクはこの山を誤解していた。

このイントロの古めかしさと、霊仙というおどろしさに、暗い山を想像していた。

ところが、このあと、驚きの喚声を上げることになる！

まるで、テレビのバラエティ番組のようなフリだったが、実際その通りになった。


登りはじめて1時間を超えたあたりで、ヒョイと、稜線に出た。

まったく樹木がなくなった。

空と、薄茶色の草原と、灰白色の岩だけの世界となる。

「おお～アレは、〈カレンフェルト〉ではないか！」

それは、石灰岩柱と呼ばれ、山口県の秋吉台などに見られる、石灰岩の独特の地形だ。

「おお～アレは、〈ドリーネ〉ではないか！」

コレも、石灰石が溶けてできた大きなスリ鉢状の穴だ。

そうか、この山は全山が石灰岩でできている。火山でもないのに、火山性の草原となだらかな山容は、女性的で、地球のいぶきを感じさせてくれる。


３６０度見晴らしの頂上からは、巨大な琵琶湖の全景が首をふらずに眺められる。南北６４キロが、両腕を９０度に広げた範囲におさめられた。

よし、頂上で写真を撮ろう。パシャリ！

山頂標識には、１０８４メートルとある。ん……？

地図案内では、標高１０９６メートルの山でなかったかい？

こっちの案内本にもそっちの案内書にも、１０９６メートルと書いてある。

さっき冒頭にもそう書いた。

ところが、目の前の棒杭表示は、１０８４メートル。

この１２メートルの差はなに？

山の高さは、小数点の加減によって、１メートルほどの誤差がある。

でも１２メートルは、誤差に当てはまらない。


山頂で琵琶湖を眺めながら、頭を、琵琶湖の反対側に、まるでエクソシストのように、グルリと回した。すると、その方向になんだか、もうちょっと高い峰があるような気がする。

リュックを背負いなおし、向かった。いったん少し下り、また登り返す。

６～７分ほど歩いたところに、棒杭が立っていた。

「霊仙山最高点　１０９６メートル」

あんですと？

山頂が　　１０８４メートル
最高点が　１０９６メートル
コレはどう考えたらいいのだろうか？

普通、最高点が山頂に決まっている。

山頂より高いところがないから、山頂と呼ぶんでしょ？
　ほいじゃ何かい……
金メダルより銀メダルの選手のほうが、記録がよかったのかい？
たしかに銀メダルの選手は人気があったが……
ついオリンピックをたとえに使ってしまったが、真相は、その辺にあるかもしれない。

　琵琶湖を泰然《たいぜん》と眺められるのは、山頂のほうである。
最高点は奥にひっこんでいるので、湖は見えない。
逆に言えば、湖や里からは、山頂は見えるが、最高点は見えない。
よって、日本では珍しい、山頂と最高点が別々の山ができ上がった。
眺めがまさったほうが山頂と呼ばれた。
……のではないかと、勝手に想像をふくらませながら、
美しい草原の中を、大手を振って下ってゆくのであった。

ジャンダルム

〈ジャンダルム〉

この響きをいかんとす！

登山家は、この言葉を聞いただけで、恐れおののき、１００歩跳びのくといわれている。


５０年近く前、この言葉を知った。

高峰のピークの直前にある、どでかい岩稜《がんりょう》をさす言葉。

日本では、たとえば、穂高岳。

その奥穂高岳から西穂高岳に向かう、稜線のルート上に、その岩峰《いわみね》がある。

子どもに表現させれば、「超でかいコブ」だ。
大人が言えば、「近寄りがたい岩場」、
正しい大人に言わせれば、「決して近寄ってはならない禁断のコース」。
このコースは、一般山岳コースではない。
エキスパートオンリーである。
言い換えれば、ちょいと山をかじった人が来たら、
「落ちて、死ぬで！」
脅されているコースである。
日本で、脅され系のコースの筆頭が、このコースだ。

名前の響きが、いかにも脅し系である。

〈ジャンダルム〉
映画館の前に来て、この表題が書かれてあったら、どうだろう？
恋愛映画だと思うだろうか？　どう考えても、ホラー映画である。
たとえば、「ゾンゲリア」という映画は、ホラーだ。

並べて書けば、脅され度はイーブンと言えまいか。

納得できない方は、この名前を、自分が出せるもっとも低い声で、映画の予告編だと思って喋《しゃべ》ってみてほしい。

日本にあまたある山のなかで、名前で脅し、力量で脅している究極のツワモノだ。

葬式と密接にかかわっている岩峰といえるかもしれない。

たしかに、多くの命をのみこんできた山である。

しかし、それゆえの魅力がこの岩峰にはあり、そのために、技術体力を鍛えて挑戦する夢を捨てきれない。

ふと思うのである。

もしこの岩峰の名前が、ジャンダルムではなく、たとえば、そのずんぐりした形を見て、「丸山」と付けられていたとしたら、これほど惹《ひ》かれる山塊として、我らをひれ伏しつづけてこられただろうか。

奥穂高岳山頂より稜線をジャンダルムへ向かう。

雨飾山の女神

前々から気になっていた山がある。

《雨飾山《あまかざりやま》》　１９６３ｍ
何が気になるといえば、その名前である。

「雨」という漢字が入っている。雨が付く山にこれまで、いくつか登ったのだが、なぜか雨だった。

周りの山々は雨が降っていないにもかかわらず、雨だった。

だから、この山をおそれていた。

日本百名山のなかに、雨が付く山は、雨飾山のみ。

人にきいても、雨のなかを登った話ばかり。

天気予報で晴れだとたしかめていたのに、雨だったという逸話ばかり。
ゆえに、長い間、延ばし延ばしにしてきたこの山。
ついに、天気を調べに調べて、秋の3日間を特定した。
その3日間のうち、1日でも晴れればヨシと考えた。
そして、決行日がやってきた。

朝7時に、雨飾山の登山口にいた。
やや雲多しといえど、青空がチラホラ見えている。
100点とはいえないが、雨飾山としては、95点の日ではなかろうか。
歩き出す。おおきなブナの大木がつづいている。
ブナの森は明るい。
後ろから登ってきた人物に声をかけられた。
「アレッ、イシマルさん！」
声の主は、なんと！　この日にもっとも会いたかった人ではないか！
《猪熊隆之》いのくまたかゆきさん

日本だけでなく、世界中のさまざまな山の気象を読み解く、山岳気象のエキスパートである。

三浦雄一郎氏がエベレスト登山を成功させたときの、リアル気象を予報した方でもある。


雨が降るのか降らないのか、心配だった雨飾山の山中に、気象予報として最高の頼りがいのある方が降ってわいた。

ブナの森に、天から舞い降りたといってかまわない。

深呼吸をして、尋ねてみた。

「晴れですか?」

「晴れです」

世の中に、「太鼓判」という単語が流布しているが、本気度満点の太鼓判はそうそうない。

「君のこの舞台、私が太鼓判を押す、客入るヨ！」

こう言われても、太鼓判の信用は、５０％である。

しかし、雨飾山における彼の言葉の信用度は、いかばかりか。
なんたって、ご本人が当日登っているという事実が、
「晴れ」は100%だと証言している。
なんという僥倖《ぎょうこう》！

さて数時間後、われわれは、雨飾山の頂上にやってきた。
そして今登ってきた笹原を見下ろしている。
そこは笹が生い茂る天空の散歩道である。
その道が、緑の笹原のなかに、スジとして残っている。
っと、そこに、女性の顔が見てとれたのである。
(本の冒頭カラー写真)
左を向いた女性の横顔が、線で表現されている。
鼻や口、アゴのあたりがぴったりだ。
これはこれは……と珍しい写真を撮っていたときだった。

下山してゆく登山者の姿がみえた。
その人は、なんと赤いシャツを着ているではないか！
まもなく、女性の顔のアゴのあたりに到達しようとしている。
ひらめいた！
あの登山者が、唇のところに来た瞬間にシャッターを押そう。
おそらくあと１０秒ほど。
下山なので、結構なスピードで歩いている。
シャッターを押すタイミングが微妙である。
早すぎればアゴの上。遅ければ鼻の穴に赤いシミがつく。

３、２、１……パシャリッ
おおぉ～女神の唇にルージュが引けた。
隣を見ると、猪熊さんがカメラを手にガッツポーズ！
想いは同じだったようで、青空バックに満面の笑顔はじける登頂となった。

美ヶ原オークション

《美ヶ原《うつくしがはら》》　２０３４ｍ
言葉として、非常に美しい響きのこの山。
山だと知らなかったら、ただの草原だと思い込んでしまう名前の場所。
美ヶ原。

おそらくだれもが、この名前を競って奪いたかったであろう。
自分が好きな原っぱに、最初にこの名前を付けたかったに違いない。
ふと、空想がふくらむ。
もし、その昔に、「名前オークション」なるものが催されており、

《美ヶ原》が、木槌《きづち》の音とともに、売りに出されたとしたら……

～～～　～～～　～～～

　さあ、皆さま、先ほどの、《霧ヶ峰》のオークションでは、おおいに盛り上がりました。

《霧のかかる峰》という、あまりもの素晴らしいネーミングに、日本中のバイヤーの皆さまが、しのぎを削っていただきました。

わが高原に、ぜひその名をほしいという願いが伝わってまいりました。

最終的に、《霧ヶ峰》は、長野県の車山《くるまやま》の西山麓の高原に、つまり皆さまご存知の八島《やしま》湿原を母体とする一帯に落札されました。

落とされた御射山《みさやま》神社を守る方々、有難うございます。

　タンッ！

それでは、本日のメインターゲットでございます。

つぎなるオークションの出品名は、《美ヶ原》です。

ただし、この名前を落札された方は、その地に、名前を付けなければなりません。

その名に恥じない場所との覚悟をせおってご参加ください。
それではまいります、まずは、○○○○万円！

こんな「もし」を想像していると楽しい。
～～～　～～～　～～～
セリがつづいて、最高値をどこが付けたとしてもおかしくない。
たとえば、美しい原っぱとして現在有名な景勝地が、
まだ名がなく、このオークションで落としていたとしたら・・・
たとえば……
白馬岳の栂池《つがいけ》高原の名前が、美ヶ原になっていたかもしれない。
尾瀬ヶ原が、その名になっていたかもしれない。
大台ヶ原が、八幡平《はちまんたい》が、苗場山が、
その名になっていたとしても不思議でない。
つまり、もっとも単純に美しさを表わす言葉、
「美ヶ原」を惜しみもなく使用して恥ずかしくない場所が、
今の、美ヶ原だったのである。

〜〜〜　〜〜〜　〜〜〜

タンッ！

落札されました！

落とされたのは、松本市の東に位置します、「王ヶ《おうが》頭《とう》」を頂上とする高原地帯でございます。さぞや美しい景勝地でございましょう。どうぞお名前をお持ち帰りください。

この地が、未《み》来《らい》永《えい》劫《ごう》、《美ヶ原》と命名されました。パチパチパチパチパチ

沼津アルプス縦走

《沼津アルプス》

日本には、最近、ご当地アルプスがあちこちで流行《はや》っている。正式の名前ではないのだが、地元の人たちが、連なる山を総称して、○○アルプスと呼ぶようになった。

しかし、アルプスとは名ばかりで、ほとんどが低山の集まりである。一日で縦走できる日帰り登山が多い。

その中でも、伊豆半島の沼津にある、低山の連なりは人気が高い。

さあ、行かいでか！

天気快晴、気温低く、富士山が、裾野からテッペンまで姿をさらしている、真冬の山行きとなった。

沼津駅から歩いて２０分の、《香貫山《かぬきやま》》からの入山。

春には桜満開であろう公園の中を、１９３ｍいっきに登る。

そして、一気に南側に下る。


っと、その山中で、背筋のピンと伸びた、お年を召した女性に出会った。

お話をうかがったところ、毎日この山に登っているというではないか！

御年８３歳！

雨の日と病院に行く日以外は、毎日登山！

素晴らしい。

その昔は、陸上とバレーボールをやっていたそうな。

数年前から、登山を始めたとのこと。

さらに驚くことに、この山には９４歳の爺様もよく登っておられるらしい。

何事にも上には上がおられ、限界は果てしないと教えられた。

私なんぞは、まだガキッチョに過ぎない。

沼津アルプスの縦走中、2番目の山頂は、《横山》
全部で5つの山頂と7つの峠を越えてゆく。
200m～400mほどのピークを結んでゆくのだが、累積標高差は
1000mにもなる。
6時間のアップダウン大会だと思えばよい。

どの山も、北側斜面が濡れていて、滑る。
おまけに、この山道には、ジグザグという発想がなく、ほとんどが直登なのだ。
気質がまっすぐな方たちが拵えたのかもしれない。
ゆえに、傾斜がはげしく、私のように、急ぎ登りをする人には、嬉しくない。
ハァハァゼイゼイ、自分の息がやかましい。
時折、ヒィ～～～なんて悲鳴が漏れたりする。恥ずかしい。

私の現在の山登りは、マッターホルンに向けての、訓練も兼ねているので、《速歩き、休みなし》を課している。
まったく休みなしだと、水を飲む時間もないので、時折、休む。
ただし、立ち休み。
何度も登っては下り、最高点である鷲津山３９２ｍの頂上からは、駿河湾が青々と眺められ、富士山に手をふり、
最終の山の、大平山３５６ｍの頂きから、下りたのである。
全行程６時間の山行で
茹《ゆ》で卵を一個食べただけなのだが、
体重計に乗ったら、出発前と針は同じ位置を示していた。
不思議な体に生まれついたものだ。

山の落とし物 5

革ベルト

その昔の登山用ズボンには、ベルトが必要だった。しかし今では、ベルト付きのズボンは見かけない。ところが、檜洞丸山（ひのきぼらまる）の山中に黒い革ベルトが落ちていた。落ちている理由がわからない。わざわざはずすモノでもない。仮にこれが２時間サスペンスドラマであれば、犯人が、普段着のまま山中にやってきて、そのベルトを使い殺害に手を染めたのかもしれない。だが、その場合でも、凶器を放置したまま逃げるだろうか？　この謎はいまだに解明されずに、写真だけが、ボクの手元に残っている。

第6章★　とにかく山はおもしろい

雪山に雪が少ない

昨今の冬山は雪が少ない。

かなり少ない。

冬の山道を歩いていると、木の枝に、ピンクのリボンがぶら下がっているのが見える。

その高さで、雪の量がおおよそ推察できる。

真冬に木の枝にリボンを結びつけるには、両手が届くところに結ばざるをえない。ほぼ頭の高さだ。

それが今や、数年前に結んだリボンを頭上1メートルほどのところに見かける。……ということは、これまでより1メートルほど積雪が少ないという意味となる。

標高も2500メートルを超えると、まあまあの雪があり、訓練チームが雪洞《せつどう》掘りに精をだしている。

スコップでうんやこらやっているのだが、深く掘ると、すぐに地面が露出するようで、訓練にならない。

例年だと、大きな穴を掘り、中でビバークできるほどの空間をつくりだす。雪洞内は風はなく、バーナーで氷を解かす熱量だけで、かなり暖かくなる。へたすると、Tシャツ一枚になりたいほどだ。

なのに、その穴すら掘れない。

ラッセルの訓練に来たチームもある。

ラッセルとは、雪国のラッセル車と同じで、人間がその役割をこなす。膝《ひざ》やスコップを使って、道を切り開いてゆく。

剱岳・長次郎谷。圧巻の風景。

どちらかというと、雪を押しつぶし、かき分け、次につづく者のために、先頭がやる重労働である。きついので、交代交代にするのだが、夏道の4倍も5倍も時間がかかる。

ところが、そのラッセルも新雪が降らないので、訓練ができない。


困ったものだと悲観する必要はない。

雪が少ないと言ったが、ないとは言ってない。

登山道に入ってからは、全面が雪道だ。

アイゼン効かして、快適な白銀の世界にとびこむ。

普段、雪が多すぎて、雪山に踏み込めない雪山初心者が、挑戦するよい機会が訪れたと考えればいい。

ある意味、雪に悩まされないので、テント泊だって、やりやすい。


えっ、寒そうで怖いって？

まずは、テントとシュラフ（寝袋）など装備をそろえたら、家のベランダで、ひと晩寝てみてごらんなさい。
とくに、冬型気圧配置が決まった夜がおすすめです。

熊野古道に日本語は聞こえない

熊野古道には、代表的な道が、３つある。

大辺路《おおへち》、中辺路、小辺路。

そこで、初心者がとっつきやすいという、中辺路に的を絞り、さらに、部分的に切り取って、歩いてみることにした。

紀伊半島の田辺市から、バスに乗り、小広峠《こびろとうげ》で下車。

そこからは、ただただ山の中を歩く。いや、歩くというのは、間違い。登ったり下ったりの、登山がはじまる。それもけっこうな登山である。

１５０メートル登り、同じ標高差を下る。

250メートル登り、同じく下る。

200メートル登り、同じく下る。

登山と違うのは、ピークを極めるのではなく、峠を越えてゆくという山歩きである。だから頂上は踏まない。

結果から言おう。

7時間半、22キロほどの山中の距離を歩きつづけ、熊野《くまの》本宮大社《ほんぐうたいしゃ》にたどり着いた。

ひと言でいえば、こんなものだが、楽な行程ではない。


今、世界中からこの古道に人びとが押し寄せている。

ロングトレイルの流行《はや》りとともに、世界の老若男女がリュックを背負って、古道に夢を馳《は》せている。

「ホエア〜カムフロム、ユアカントリ〜?」(どこの国から来ましたか?)

何度この質問を投げかけただろう? そもそもバスの乗客がすべて外国人だった。道行く人たちの大半も、外国人である。

「ホエア～？」の答えを書き留めると、イギリス人でありフランス人であり、イタリア、イスラエル、韓国、中国、エトセトラ……

道中に関所を設ければ、相当の数の国旗と巡り合えるだろう。

外国語が不得意なボクが、たどたどしく問いかけてもまともな答えは帰ってこない。そこで、スマホのアプリを取り出した。スマホに向かって喋《しゃべ》り、差し出せば、何語でも翻訳して声で喋ってくれる。

「背中のザックのジッパーが開いてるヨ」

「おお～センキュー」

まあこれくらいは、アプリを使う必要はなかった。

次に、隣のイタリア人らしきカップルに質問をする。

「熊野古道のどんなとこが気に入ったのですか？」

イタリア語に翻訳して聞かせたところ、理解してくれたらしく、すぐさま日本語に翻訳された返事が。

「わたしに於いてためされる違いを、よく認識してくれるだけでよい」

難解な翻訳返事がきた。頭をひねっていると、おっかけ、

「あなたに食べるきれいな贈呈ものこそ、未来の宿の探し方」

さらに難解になった。どうやらイタリア人はものすごく早口で、スマホがついていけないらしい。

何度かのやりとりのあと、かれらは先に進んでしまった。そして去り際、

「あんないありがとございました」

しっかりした日本語で挨拶してくれたのだ。

その後、外国人だらけの古道あるきは、身ぶり手ぶりたっぷりの愉快な道中となったのだった。

ハンガーノック

〈ハンガーノック〉

低血糖状態のことを言う。

「血糖値が下がっている」などとスポーツ時に使っている。

スポーツだけではない。普段、仕事をしている最中などに、ガクンと気力が落ちるときがある。突然おそってくる。

身体を動かすのが、おっくうになる。

これは恐らく、朝からの食事が影響している。

バランスを崩した食事をしていたときに起こりやすい。

ガクンというのは、ものの数分でという単位である。

山登りをしていると、起きやすい。

ダイエットなどと御旗を掲げて、食事をまともに摂《と》らずにはげしい登りに耐えていると、後半にガクンが起きる。慌《あわ》てて、チョコレートなどの携帯食を口に入れるのだが、意外と即効性はない。

なぜ、ハンガーノックが起こったのか？

その日の食事を思い出してみる。

早朝、高速道路のサービスエリアで、月見蕎麦《そば》をすすった。ヨーグルトを呑んだ。……だけである。

あれから、7時間が経《た》っている。水分は摂っていたとはいえ、栄養補給をおざなりにした。いったんガクンが起こると、いわゆる「箸の上げ下げ」までおっくうになる。

ドラマのロケの最中に、これが起こると始末に悪い。

完全に覚えてきたはずの、セリフが出てこない。

（え〜と、なんだっけ？）

「カットカット！」監督の怒鳴り声がとどろき、やり直しとなる。

スタッフの視線が痛い。「あのひと、もうお年だから……」

（いやいや、ハンガーノックで……）

いいわけが許される現場ではない。

よもや山の中で、これが起こると、下山にも支障がでる。注意力が散漫になる。滑落《かつらく》……遭難……新聞の表題が頭に浮かぶ。

単なる疲れなら、「ファイトぉ！」でなんとかなるかもしれないが、栄養が足りないハンガーノックは、始末に悪い。

ただし……

単なる「腹減った……」と、ハンガーノックは別物なので、むしゃむしゃ食ってばかりいると、当然、太るでネ。

子ヤギのう〜えで

♪〜アルプス一万尺　こやりの上で〜
アルペン踊りを　さぁ踊りましョ〜♪

ラジオ番組「石丸謙二郎の山カフェ」の冒頭で、この曲をかけた。《槍《やりが》ヶ岳《たけ》》特集であった。そして、「こやり」の解説をはじめた。

「こやりとは、小槍のことでしてネ、槍ヶ岳に付随するように、小さな岩峰があり、この岩場を登攀《とうはん》するようすが踊りを踊っているように見えるんです」

すると……

「こやり？……コヤギじゃないんですか？」

素《す》っ頓狂《とんきょう》な声をあげたのは、初代パートナーを務める井田寛子《いだひろこ》さん。

「子ヤギのう〜えで、踊るんでしょ」

あんですと？

ア〜タは、大胆にも、子ヤギの背中の上に乗っかり、踊りを踊ってるのですか？　そう思っていたのですか？

「だって、そう思っている人、たくさんいると思いますヨ」


ってんで、リスナー登山者の方に、問うてみた。

まさかとは思うが、子ヤギだと思っていた人に呼び掛けたところ、なんと！

来るわくるわ、メールとファックスが、わんさかドサドサ。

「子ヤギで〜す」

「子ヤギじゃないんですか？」

「子ヤギだとずっと思っていました」

「コヤリって、なんですか？」

んなバカな……

と両腕を万歳した格好になったボクは、ひょっとして、少数派？

つぎの日。真相を解明すべく、山関係の雑誌の編集長であり、山の本をいくつも出しているハギワラ氏にお会いして、質問をぶつけてみた。

「小槍ですよネ……子ヤギじゃないんですよネ」

ニヤリと笑みを浮かべたハギワラ氏が語る。

「小槍の岩峰に登ったとき、私は踊りましたネェ。1畳に満たない狭さなんですが、コサックダンスなんかやりましたヨ。子ヤギの上に立つほうが、よっぽど難しいですヨ」

いったい、子ヤギだと信じていた方たちは、どんな絵を頭に浮かべていたのだろう？

子ヤギに乗って「アルプス１万尺」を熱唱する井田寛子さん。

マッターホルン挑戦

《マッターホルン》　４４７８メートル。
スイスとイタリア国境に位置する、岩峰である。
この山に登りたい。

　なんとも大きな目標を定めてしまった。登れる確率はあるのか？
最大のネックは、高山病である。ただでさえ、気圧の差に敏感で、空気が薄いとすぐに具合が悪くなるボクである。

　マッターホルンは、ヒマラヤほどの高山ではない。
しかし、登り方が特殊なのだ。
山中に、山小屋がほとんどない。

３２６０メートルの場所に、ヘルンリ小屋があるだけ。その高度とは、日本で３番目に高い《穂高岳》が、３１９０メートルなのだから、それより高い。このヘルンリ小屋に１泊して、そこから高低差１２００メートルを一気に登って、降りてこなければならない。それも岩登り……

ゆえに途中で休憩時間はない。写真を撮《と》る時間さえ許されない。休む、イコール、体力がないということで、その時点で、ガイドに降りるように命令される。指定時間内に、降りてこなければ失格というワケだ。空気の薄い高所で、縦にダッシュするのだと思えばよい。よし、肉体改造だ。

下半身の鍛錬には、山に登れば、５時間も７時間も歩きつづけるので、自然と鍛えられる。しかし、それ以上を求めるなら、体に過重という負担をかけるしかない。つまり、重りを背負う。

先日来、ショイコを背負って歩いている。

最初は、２０キロちょっとの重しを入れて歩いていた。

やがて、25キロになり、30キロになる。

今では、35キロを体にまとい、ウンコラショと公園の階段を上り下りしている。この格好は、ご家族連れで散歩の方たちには、うさんくさくて申し訳ない。

問題は、じべたに置いてある35キロのショイコの持ち上げ方。

試しに、仰向《あおむ》けになってカタヒモに両腕を通してみる。

この格好は、カブトムシが裏向けに転がされた姿に似ている。

起き上がろうとするが、荷が重いので、両手両足をバタバタする。

裏返しにされた亀の気持ちがわかる。

ウンコラショ……リキんでみるが、そう簡単には起き上がれない。

こりゃダメだ。

一度体制を整え、今度は、階段にショイコを立てかける。

そこにジワジワ身体をすり込み、両手を通す。やおら……ふんぎゃ～と立ち上がる。成功！

さて、歩きはじめるのだが、途中休みたいときは、ショイコを背負ったまま休む。もし、平らなところで降ろそうものなら、カブトムシを演じなければならなくなる。公園の広場には、親子連れがたくさんおられ、恥ずかしい姿を披露することになる。

「ごめんなさいね」

こうべを垂れたいのだが、背中の荷物が重くて、前かがみができない。かがむと前につんのめってしまう。つんのめったあげく、花壇の中につっこんでしまったらどうしよう。

じつは、ザックの重りは、水である。ポリタンクとペットボトルを積んでいる。だからイザとなったら水を捨てればいいワケだ。とはいえ、今のところ、イザの発動はない。

さあ、この重量をどこまで増やすつもりだろうか？

何事もエスカレートするわが性格が心配でならない。

台風はガスティな風

家が揺れている。
風で家全体が揺れる。
台風の風は、つねに突風である。

風は、一定に吹くことがほとんどない。
風用語に「ガスティ」という単語がある。風の強弱が頻繁にかわる場合を呼ぶ。風速15メートルの風の直後に、5メートルになったりする。かと思えば、直後に20メートルが吹いたりする。この「直後」という間隔が短いほど、人が対処するのが難しい。

台風では、強風のなかで、このガスティが頻繁に起こる。３０メートルの風が、直後に１０メートルに落ちたりする。これがやっかいだ。

説明が難しいので、ここはひとつ、関取に登場していただこう。

惜しまれて引退した嘉風関《よしかぜ》などは、つねに、押し相撲で、強風ばかり吹き荒れていた。ある意味、小気味よかった。皆が好きだった。

いっぽう、横綱鶴竜《かくりゅう》は、押したり引いたりで、相撲の巧《うま》さで勝ちつづけている。この強さを、「相撲界のガスティ」と呼んでいいかもしれない。

ガスティはやっかいである。人は、かなりの強風にも耐えられるが、フっと力を抜かれると、みずからの力で倒れてしまう。

台風の怖さがまさに、ガスティと関係している。

「風速４０メートルですが、瞬間風速６０メートル！」

アナウンサーが連呼しているのは、ガスティのゆえんの風速である。

つまり、嘉風は風速４０メートルで押しつづけているのだが、横綱鶴竜は、

60メートルで押した直後に、わざと20メートルに落とすのである。すると、家屋や木々やトラックは、倒れる。押しが強ければ強いほど、この引きが効く。ガスティが効くのである。台風も、その台風がもつ風が強いほど、ガスティが効く。

なぜ、こんな頑丈な鉄骨が……？ 首を傾《かし》げるのは、ガスティが影響しているかもしれない。そして、広々とした平原より、山の中の複雑な岩場のほうが、その威力・危険度は増す。気をつけたい。

嘉風関が引退したのは寂しい。大分空港の通路でお会いしたことがあった。先日の取り組みで突かれた右目の傷を指摘すると、のっしのっしと歩きながら、ニヤリと頬《ほお》を緩《ゆる》め、ウインクしてくれた。ご本人は、ウインクのつもりだったでしょうが、どう見ても、両眼をつぶっていた。

ストレートな風は気持ちがいいものである。

鳳凰三山の半枯れの飛行船。「いざ、天空のかなたへ！」。

露払い

大相撲の土俵入りには、二人の力士がともに現れる。
〈太刀持ち〉と〈露払い〉
太刀持ちは、刀を持っているので理解しやすい。
では、露払いとはなんだろうか?
辞書的には、尊い方の前を歩いて露を払うことの意だ。
では、最近暮らしていて、露を払ったことがありますか?
っと尋ねたボクは、しょっちゅう払っている。どこで?

山の中だ。

早朝、登山を開始すると、朝露で草が濡《ぬ》れている。あるいは雨上がりには、樹木の枝の葉っぱが濡れている。もし、先頭を歩く人がレインウェアを着ていなかったら、ずぶぬれになる。さほど草木には、水分が溜《た》まっている。

では、レインウェアを着ていない場合どうするか？

森で拾った棒切れで、両側の草木を軽く払いながら進む。

そう、これがいわゆる、〈つゆはらい〉なのだ。


ということはだヨ……

先頭のボクは、露払いで、次に歩いているタキタ君が、横綱という絵づらになる。たまに、タキタ君が、露払い役をしてくれることがあるが、彼は、草や葉をよけながら進むので、あとにつづく、横綱のボクが、ビショビショの露払いになる。

おまけに、蜘蛛《くも》の巣だって、彼は、せっかく持っている棒切れを振り回さずに、かがんでくぐってゆく。当然、次なるボクが、えじきになり、ギャアアア〜と悲鳴をあげている。

ボクらは同い年である。それなりに歳を重ね、それなりに、不可思議な行動をするようになった。


ある日の山登りの最中。昼飯を食おうということになった。

ボクがおにぎりにかぶりついていると、タキタ君が、いつまでもゴソゴソとリュックをひっくり返している。どうしたのかと問えば、麓《ふもと》で買った昼ご飯を全部車に忘れたというのである。

そのあげく、引っぱり出したモノを見て、驚いた顔をしている。

なんでも、帰りに行こうと決めた温泉の着替えのパンツやタオルをそっくり、代わりに持ってきたと言うのだ。車に置いとけばいいのに。

ふ〜む、パンツを食わせるわけにもいかず、パンをめぐんでやったが、その翌週、ボク自身が粗忽《そこつ》ものの汚名をきる。

《燕岳《つばくろだけ》》に登ろう！　タキタ君と晩秋の北アルプスに向かう。

「しまった、パンツの替えを忘れた」

言葉を発したのは、車を運転中のボク。替えのパンツを忘れてしまったのだ。買いに行こう！　ッてことになり、コンビニに向かった。

買い物を終わり、登山口に向かうわれら。

車内で、タキタ君が、ボクが買ったコンビニ袋を覗《のぞ》き込んでいる。

「パンツ買いに行ったよネ」

「パンツ買った」

「パンツないヨ」

「いや、買ったゾ」

「ほんじゃ、コレは何？」

袋から、出してきた物を見て、急ブレーキを踏みそうになった。

〈チーズパン〉……？


コンビニで、たしかに考えごとをしていた。

これから登る《燕岳》という山となりを、想像していた。

だからといって、パンツを買いに行って、チーズパンを買うだろうか？

駄洒落《だじゃれ》ギャグとしても、説得力が足りなさすぎではないか。

実際、タキタ君に、こんなギャグをみせても意味がない。

もちろん、肝心のパンツは買っていない。

正直、自分にガッカリした。

せめて、パンツを買いに行って、間違って靴下を買ってくるくらいの失敗でいたかった。

「次のコンビニで、パンツ買えばいいヨ」

奴《やつ》のやさしい言葉に、わが上腕は、ハンドルを思いっきり握り締めるのであった。

さらに……「このパンは、オレが食べてあげるからさ」

ハンドルが楕円形になってきた……

オイラは所詮、露払いサッ!

燕岳の中房川沿いの道が崩壊しており……。「道なき道を」。

マンハッタンやるんだって？

ボクが《マッターホルン》に登りたいという話を、どこかで聞きつけた友人が、眼を輝かせてやってきた。

その会話を、忠実にそっくり再現してみよう。

「イシマルぅ、マンハッタンやるんだって？」

「ん〜とぉ、ちょっと違うけど、やる」

「ホオォ〜、いつ？」

「夏」

「ということは、もちろん、許可はなしだよネ」

「許可？　そんなんあったかなア～？」

「前々からやるだろうと思ってたけど、ついにやるんだ」

「ああ～思ってってくれたんだ」

「あたぼうよ！　最後はどうすんの？」

「最後って？……自力で降りるんだよ」

「そうじゃなくてサ、捕まったらサ」

「捕まりゃしないヨ」

「いや～たぶん、テッペンで警察が待ってるヨ」

「テッペンで、な、なんだって？」


「それより、どこ落とすのサ？」

「どこって、マッターホ」

「やっぱ。エンパイヤステートビルかい？」

「エッ？　えっえっ？」

「キングコングやるんだなあ～」

「なに言ってんの？」

「いいなあ〜」

「マッターホルンだよ！」

「そんなビルあったっけ？」

「ビルじゃなくて、山だよ」

「ニューヨークの？」

「スイスの！」

「あれれ、あれれ……ビルよじ登るんだよネ」

「ちがう」

「マンハッタンのビル登るって聞いたゾ」

「ちがう」

「うっそ、違うの？」

「スイスのマッターホルンに登るんだヨ」

「チェッ、つまんねーの」

御嶽山、五の池小屋の夕陽のビール。

上高地の落とし物

よし、《上高地》へやってきたゾ！
涸沢《からさわ》から《穂高岳》を目指そうとしているわれら３人。

いまや上高地は大盛況である。気軽にサンダル履きで訪ねていける大観光地だ。河童橋の周りは、大量の人たちが差し出すカメラで溢《あふ》れている。大きなリュックを背負った登山者の姿は、数えるほど。われらの登山姿の恰好《かっこう》が、むしろ浮いた存在になっている。

「なんなのこの人、ヘルメットなんかかぶって？」

後ろにそそり立つ穂高の岩稜がなかったら、変な目で見られているかもしれない。

さて、初日は、涸沢までの歩き。

出発して、10分ほどたったときだった。

ふと、3週間前の山行きを思い出したのだ。

そこは、東京・埼玉・山梨にまたがる《雲取山《くもとりやま》》だ。

登山口から歩きはじめて30分ほど登ったあたりで、タキタ君が突然、のたまった。

「サングラスを落とした……」

「どこで?」

「わかんない……たぶんだいぶ前」

ふ〜ん、今登ってきた道を戻れってのかい?

口をへの字に曲げて隊長のボクが即座に判断をくだす。

「残念だったネ、ハイ前進!」

かくしてタキタ君には、〈落し物大将〉のレッテルが貼《は》られた。

桜マークに、「よくぞ落としました」のハンコをつくることにした。

そして、ここ上高地だ。河童橋を越えたころ、ボクがのたまった。

「サングラスを落とした！」

「どこに？」

あわてて近々撮ったデジカメ写真をプレビューする。

「ここでは、頭に付けているナ。ここでも付けてるゾ」

ってことは、まだ落としてから、5分経ってないじゃないか！

すぐに走って戻った。


隊長は自分のこととなると、簡単に戻るのである。

ところが……ない！

買い求めて3日と経《た》っていないサングラスが見つからない！

どなたか〈親切な方〉に拾われたか？

どなたか、〈拾ってラッキー的な感覚の方〉の手におちたか？

案内所に、届け出だけをすませ、先に歩を進める。

「よくぞ落としました」のハンコを最初に使うのは、がっくりと肩を落とした隊長と決まった。

教訓　人のフリみて、マネするな

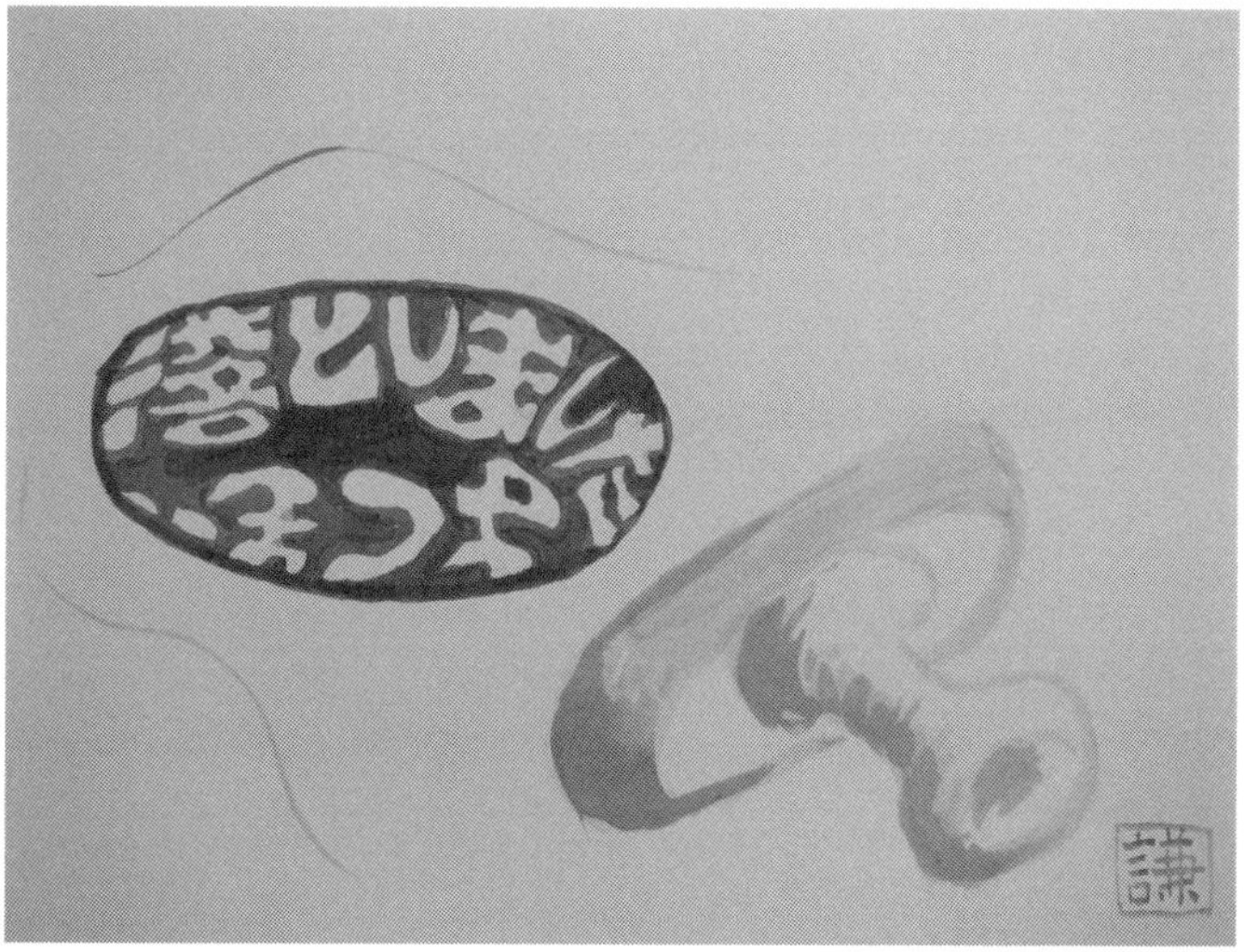

「よくぞ落としました」のハンコ

白馬大雪渓を登る

《白馬《はくば》大雪渓《だいせっけい》》は、落石《らくせき》の巣である。
真夏の山行で、われらはヘルメットをかぶっている。
「岩場のつづく穂高などならともかく、雪渓でヘルメット？」

雪渓とは、谷にできる。谷とは、いろんなモノが落ち集まってくる場所だ。雪も、雨も、岩も枯れ木も、なんでも集まってくる。おまけに登山者も集まってくる。
とくに、雪の上となると、落ちてきた石は、音を立てずに、転がってくる。そのスピードたるや凄《すさ》まじい。ダルビッシュの投げた豪速球が、まったくの無音のまま、自分をめがけて飛んでくると考えればいい。

ゆえに、その速球、いや石を見ていなければ、よけられない。

つねに、顔を上げ、上方に目を凝《こ》らしていなければならないのである。

とはいえ、ただでさえ、息を切らして登っている最中だ。

顔を上げるのは苦しい。できれば、足元を見つめていたい。

そこで、大勢が登っている場合は、約束ごとがある。

皆が、時折、顔を上げながら登る。そして、最初に落石を発見した者が、大きな声を出す。

「ラ～～ク！」

落石の落だから、ラ～～ク。

ゴルフで、ボールがあさっての方角に飛んだとき、キャディさんが、叫ぶ「ファア～～～」と似た考え方だ。ファアが何の略なのか知らないが。

大雪渓に目をやると、アチコチに、大小さまざまな石が鎮座している。

大きな岩になると、直径が１メートルを超えるものまである。その姿は、まるで京都の石庭にある岩だ。岩の周りの雪が、風紋《ふうもん》で見事な美しさを見せている。石庭が箒《ほうき》の跡をつけた芸術ならば、落石の跡は、雪の河の風紋に浮かぶ岩のモニュメントである。

ガラガラガラ

左のはるか上部の岩場で、岩が崩れる音がする。頻繁に聞こえる。

ガラガラガラ

今度は右だ。「ラ〜〜〜ク！」と叫ぶ準備をして、コロコロと落ちてくる石を見つめている。しかし、落石は、われらのほうまでは届かず止まってくれる。ボクが声を出す出番は、やってこない。こないにこしたことはないのだが、本気モードの「ラーク」も叫んでみたい。

ところが、「ラーク！」という発声は、簡単なようで、すぐには出ない。日ごろから練習していないと、とっさに口から出ない。

魚屋のおっちゃんのように、大きな声を出す習慣がある人でないと、誤って石を落としたのに、とっさに声が出せず、つい「ま、いいかな」と、やり過ごそうとするのである。

　そこで、時折、わがチームでは訓練をする。

「ラ～ク」

「まだ声が小さい」

「ラ～～ク」

「もっと大きく！」

「ラ～～～～～～～～ク！」

やけくそに叫ぶほど声を出して、やっと下のほうにいる人たちに届く。

するると、チームのひとりが、横着をする。小さな石を落としたときだった。

「マイルドラ～～ク」

「なにそれ？」

「いや、石が小さかったから」

山の落とし物 6

カメラの遮光レンズ

う〜む、これは難題を押しつけられた。山道で遮光レンズを見つけると、その処理に頭を抱える。拾うべきか、そのまま置いておくべきか？　落とした人は上りの方か？　それとも下りの方か？　どうしても大切なモノならば、落としたであろう地点に記憶をたよりに戻ってくるハズ。だとするなら、このままの放置が良い。しかし、拾って下山後警察に届けるという考えもないではない。山小屋に届けるという選択肢もないではない。ボクの選択は、犬をしつけるときに使う、「動くな」という意味のあの言葉だ。「オスワリ」

山の落とし物 7

山の落とし物のクセ

山の中で落とし物をするクセがある人は、仲間の最後尾を歩いてはいけない。落としたことに気づかず、だれも拾ってくれないからだ。これまで、モノを拾われた経験が３回あれば、もうアナタは、最後尾を歩く資格はない。それでも最後尾を歩きたいというのであれば、それは、モノを捨てながら歩いている人と言われても仕方がない。とくに、行きと帰りが同じ山道でない場合は、山にゴミを捨てにいくようなものだ。だからボクはつねに先頭を歩かされている。もし、これまで最後尾だけを歩いていたならば、私は不法投棄者とののしられていたかもしれない。

おわりに

山のてっぺんで、遠くを眺めている。すると、遥かかなたに形のかっこいい山を見つけた。気になる。なんという山なのだろう。

持っている地図をひろげてみる。だがその地図の範囲を超えたもっと向こうにある山らしい。「よし、いつかあの山に登ろう！」。その「いつか」は意外と早くやってくる。

ウンショウンショ登っている自分がいる。あの山に早くも取りついた自分がいる。山は誰のモノでもない。でも、いま登っているこの山は、今だけはボクのモノかもしれない。そんなとき、山にニックネームをつけても許されるかもしれない。

岩場があまりにも怖かったので、《美々里岳《ビビリだけ》》。
鳥のウソに騙《だま》されたので、《鬱蒼山《うっそうやま》》。
呆《ぼ》けて忘れ物をした山だから、《大呆気山《おおぼけやま》》。
あまりも美しい夕焼けを見せてくれた山には、《万歳山《ばんざいさん》》。
そしてボクの好きなニックネーム山はコレだ。

《毎日休日山》

はて読めるかな？　読めなくても意味が分かれば、それで良し。難読の山の１００番目に据え置きたい。山が好きなアナタにだけ小声で教えましょう。

「**すばらしきじんせい**」と読みます。

二〇二〇年一一月一日

石丸謙二郎

山は登ってみなけりゃ分からない

2020 年 11 月 28 日　第 1 版第 1 刷発行
2020 年 12 月 21 日　第 1 版第 2 刷発行

著　者　石丸 謙二郎
発行者　柳町 敬直
発行所　株式会社 敬文舎
〒 160-0023　東京都新宿区西新宿 3-3-23
ファミール西新宿 405 号
電話　03-6302-0699（編集・販売）
URL　http://k-bun.co.jp
印刷・製本　中央精版印刷株式会社

造本には十分注意をしておりますが、万一、乱丁、落丁本などがございましたら、小社宛てにお送りください。送料小社負担にてお取替えいたします。

Printed in Japan ISBN978-4-906822-59-1